CULTIVER *son* BONHEUR

ALBERTO SIMONE

CULTIVER *son* BONHEUR

Les clefs pour être heureux

Traduit de l'italien
par Sylvie Servoise

Michel LAFON

Ce livre est imprimé en France par
un imprimeur soucieux de préserver l'environnement
à travers des actions d'économies d'énergie, de valorisation
des déchets, d'utilisation de produits moins nocifs
pour la santé des travailleurs.

Titre original :
La Felicità sul comodino

118, avenue Achille Peretti – CS 70024
92521 Neuilly-sur-Seine Cedex
www.michel-lafon.com

À Roberta, à mes enfants,
à mes Maîtres.

« Ce que tu donnes est à toi pour toujours.
Ce que tu ne donnes pas est perdu à jamais. »

Le Coran

AVANT-PROPOS

Le syndrome de Braccobaldo*

Certains d'entre vous ne connaissent sans doute pas encore le syndrome de Braccobaldo. Pas la peine d'aller consulter Wikipédia ou le dernier manuel de psychologie sorti en librairie : ce syndrome a beau affecter un grand nombre d'individus, sans distinction de sexe, d'origine, de provenance géographique, d'âge, de milieu social ou de religion, vous ne trouverez rien sur le sujet.

---

* « Braccobaldo » est le nom italien du personnage d'animation américain Huckleberry Hound, créé par William Hanna et Joseph Barbera à la fin des années 1950 et issu de la série télévisée du même nom. Le nom français du personnage est « Roquet belles oreilles ». *(Toutes les notes sont de la traductrice.)*

Moi-même, qui ai pourtant consacré de longues années aux études cliniques, aux observations psychologiques et effectué diverses spécialisations psychothérapeutiques, je n'ai jamais trouvé la moindre trace de description de ce syndrome. Et pourtant il peut frapper tout le monde, tôt ou tard…

Je l'ai pour ma part découvert par hasard, décelant ses symptômes en moi-même et chez de nombreuses personnes de mon entourage. Pour autant, la définition du syndrome, je la dois à l'un des malades les plus graves qu'il m'ait été donné de rencontrer, le « patient zéro », comme on dit pour désigner la première personne à avoir été contaminée lors d'une pandémie.

Ce « patient zéro » est Roberta, la femme que j'aime le plus au monde, celle qui m'inspire dans quasiment tout ce que j'entreprends depuis le jour où je l'ai rencontrée.

Ce qui caractérise particulièrement Roberta, c'est son incapacité à garder pour elle-même une découverte intéressante, un moment de joie, un souffle de bonheur ou une étincelle de beauté. Son besoin de partager est irrépressible, compulsif, quasi pathologique.

Nos enfants le savent bien. Quand elle goûte quelque chose de bon à table, Roberta ne peut s'empêcher de vous fourrer la fourchette dans la bouche pour que vous puissiez, à votre tour, éprouver ce qu'elle a éprouvé. Si, le soir, nous nous retrouvons à lire dans notre lit, vous pouvez être sûr que, au bout de quelques minutes, elle prononcera à voix haute la phrase qu'elle vient de lire et qui lui a plu. Il est tout bonnement impossible de lui faire comprendre que je suis aussi concentré sur mon livre qu'elle sur le sien : elle ne lâchera pas tant que je n'aurai pas écouté ce qui l'a fait rire, pleurer, réfléchir ou je ne sais quoi encore. À ses yeux, une découverte n'a de sens que si elle peut être partagée avec quelqu'un, comme si une expérience, même quand elle est vécue par soi-même, ne devenait réelle qu'à cette condition.

Et c'est précisément d'un souvenir d'enfance de ma femme que vient la définition du *syndrome de partage compulsif*.

Quand nous étions enfants (au siècle dernier, déjà !), passait à la télévision une émission que personne de notre génération n'a pu oublier : « La TV dei Ragazzi* ». Elle occupait, dans la grille de programmation pour le moins légère de la télévision nationale de l'époque, le créneau de l'après-midi, et proposait des téléfilms, dessins animés, jeux et autres programmes destinés à la jeunesse.

L'un de ces dessins animés était américain et avait été créé par William Hanna et Joseph Barbera : *Braccobaldo Show*. « Braccobaldo » était le nom d'un chien fort sympathique, à qui il n'arrivait que des malheurs – souvent très drôles –, mais qui faisait preuve, malgré tout, d'un inépuisable optimisme.

Le dessin animé commençait par un générique destiné à rameuter les jeunes spectateurs – « Nous sommes tous là… », chantaient en chœur les personnages – et qui s'achevait invariablement par ces mots : « Et tous ensemble, nous voulons voir le *Braccobaldo Show*… »

C'était le programme préféré de Roberta et elle ne l'aurait manqué pour rien au monde. Mais ce « tous ensemble » imposait des conditions précises au visionnage du dessin animé qui allait commencer. C'est pourquoi, dès que résonnaient les

* « La TV des enfants ».

premières notes du générique, si ses frères n'étaient pas à ses côtés, la petite Roberta tournait le dos à l'écran et allait les chercher : il était pour elle inconcevable qu'ils ne soient pas, à ce moment-là, *tous ensemble* devant la télévision à profiter du dessin animé. La présence de ses frères et la possibilité de partager avec eux ce petit moment de joie constituaient, aux yeux de ma femme, la condition *sine qua non* pour que cet instant de bonheur soit véritablement vécu comme tel.

C'est ainsi que je me suis amusé à baptiser du nom de « syndrome de Braccobaldo » l'attitude de Roberta et de tous ceux qui, comme elle, ne peuvent s'empêcher de partager leur bonheur.

Or je dois avouer que, à force de côtoyer une malade aussi gravement atteinte, j'ai moi-même attrapé ce syndrome ! À tel point que, bien que l'écriture soit devenue mon métier, je n'aurais jamais imaginé qu'un jour j'écrirais un livre pour parler du bonheur, animé par le seul désir de partager avec le plus grand nombre de personnes possible le parcours silencieux que j'ai mené en parallèle de mes activités de scénariste et de réalisateur. Cela a été un long voyage, nourri d'études, de rencontres, de lectures, d'expériences et de connaissances, dont certaines remontent à fort longtemps, mené le plus souvent sur des chemins alternatifs, loin des sentiers battus, et qui m'a permis de découvrir beaucoup de choses très intéressantes et utiles à propos du bonheur.

Car, oui, connaissez-vous quelqu'un qui ne désire pas être heureux ? Et qui ne souhaite pas que les personnes qu'il aime le soient également ?

Qui, parmi nous, n'a jamais connu un seul instant de bonheur ? Je ne crois pas qu'il existe un seul être humain au monde qui, même dans les conditions les plus misérables et isolées, n'ait pas au moins une fois vécu un moment heureux. Quitte à passer ensuite le reste de sa vie à en cultiver le souvenir et la nostalgie. Parce que, avec le bonheur, ça se passe comme ça : il nous séduit, nous fait tourner la tête et puis s'en va.

Voilà pourquoi nous essayons de le saisir au vol, en prenant des photos ou des selfies, en filmant le moindre événement festif de notre vie, pour le partager sur les réseaux, avec nos amis, notre famille ou nos proches. Naturellement ce n'est là qu'un bonheur éphémère, sur lequel nous n'avons aucune prise. Il est dans certains cas tellement rare que nous sommes tentés de le considérer comme une chimère, une parenthèse plus ou moins longue entre deux moments de non-bonheur.

Dans les pages qui suivent, il sera au contraire question d'un bonheur réalisable et durable ; d'un état de liberté et de stabilité émotionnelles, de paix intérieure et de communion totale avec l'Univers auquel nous appartenons. Nous découvrirons ensemble les mécanismes invisibles et complexes qui font qu'en réalité c'est nous-mêmes, et personne d'autre, qui compliquons les choses, lorsque nous renonçons à une disposition pourtant naturelle : celle qui consiste à savoir profiter de tout ce qui compose notre vie et la rend unique.

Utopique, dites-vous ? Dans la mesure où je vis moi-même ainsi depuis quelque temps déjà, je pense que non. Ceux qui me connaissent, ou qui suivent depuis longtemps mes pérégrinations sur les réseaux sociaux, le savent bien. Je ne pourrais d'ailleurs jamais écrire sur ce que je ne connais pas ou que je n'ai pas moi-même expérimenté.

Et c'est pour cette raison que, littéralement possédé par le syndrome de Braccobaldo, je ne peux m'empêcher de partager mes découvertes et mes expériences avec ceux qui sont prêts à s'engager dans un processus d'évolution personnelle irréversible pour étendre leur connaissance du monde et accéder à un nouvel état de conscience et de lucidité.

Dans chaque chapitre de ce livre se cachent de petites lanternes, prêtes à s'allumer pour chacun d'entre vous et à éclairer votre espace mental. Changer de direction, renouveler votre vision du monde : c'est ainsi que vous pourrez imaginer de nouvelles trajectoires de vie, vous projeter dans des espaces inconnus.

Mais il faut que les choses soient claires : ce n'est pas moi qui ferai le travail à votre place. Parce que j'ai déjà exploré cette terre mystérieuse, je peux vous fournir des renseignements sur l'endroit et même vous procurer une carte. Mais vous seul pouvez effectuer le voyage.

La poursuite du bonheur est une discipline qui, comme n'importe quelle autre, requiert travail et application. Elle demande de la volonté, de la détermination, et même quelquefois des sacrifices. Rien de tout cela n'est impossible si vous savez clairement ce que vous voulez faire et pourquoi. Ne pensez-vous pas que ce défi mérite d'être relevé ?

Alors, si l'idée de pouvoir être heureux dans cette vie ne vous effraie pas, ne vous scandalise pas et n'est pas contraire à votre religion, la première étape consiste à prendre une décision ici et maintenant. Il vous faut en quelque sorte signer un contrat avec vous-même et comprendre que rien ne s'obtient en ce monde sans engagement véritable.

Et si le mot « bonheur » vous fait peur, vous pouvez tout à fait le remplacer par un terme moins impressionnant, comme « bien-être », « sérénité », « paix », « harmonie » ou « équilibre ». Ce ne sont pas exactement des synonymes, mais assurément des « points d'étapes » à expérimenter. Parce que, croyez-moi, la seule et véritable difficulté de ce parcours est de cesser de nous cacher derrière nos petites excuses habituelles, de dépasser toutes les croyances négatives et autolimitatrices qui, avec le temps, sont devenues des prisons dans lesquelles nous nous sommes enfermés sans même nous en apercevoir.

Si vous en êtes là, ou si vous vous trouvez parfois dans cette situation, c'est uniquement parce que les forces hostiles à votre bonheur sont nombreuses. La plus redoutable d'entre elles est ce « petit esprit » dont parlent les Indiens dans leurs anciens écrits : cette voix intérieure qui sans cesse juge, critique et dévalue tout ce que nous vivons ou pensons de notre vie, et qui a des avis le plus souvent négatifs sur tout, nous-mêmes, les autres ou encore le monde qui nous entoure.

Il est ainsi fort probable qu'elle vous dise en ce moment même : « Mais voyons ! Si le bonheur était possible, comment se fait-il que nous vivions dans un monde empli de tristesse, de malheurs, de dépressions, de peines, de désillusions ? » Et encore : « Et qu'en est-il de toutes les catastrophes, tous les problèmes et conflits qui bouleversent le monde ? » Et enfin : « Et même si nous étions heureux, comment pourrions-nous nous accommoder du malheur des autres ? »

Il est évident que lorsque vous pensez de la sorte, les choses deviennent compliquées, voire insolubles. Ces moments-là sont ceux où le « petit esprit » l'a emporté sur votre droit à chercher des solutions, à les inventer et sur la capacité innée que nous avons de tout transformer. Il vous suffit, pour vous persuader que cela est toujours possible, de penser à l'histoire de l'humanité et au long voyage qu'elle a déjà effectué sur cette Terre. L'homme dispose de moyens aussi merveilleux qu'infinis pour transcender tous les déterminismes, intérieurs ou extérieurs.

Quand il est question de bonheur, nous ne devons pas oublier, au-delà de nos convictions du moment, les ressources dont nous ne soupçonnons même pas l'existence et nous devons bien comprendre que notre personnalité abrite certaines dimensions immatérielles, transcendantes et spirituelles capables de surmonter n'importe quel obstacle ou déterminisme.

Si quelqu'un, il y a seulement un peu plus d'un siècle, avait dit qu'un jour l'homme volerait comme volent les oiseaux, on l'aurait pris pour un fou, ou un doux rêveur. Et pourtant, aujourd'hui, l'homme ne se contente plus de voler : cela fait déjà longtemps qu'il a marché sur la Lune, et il s'imagine désormais vivre un jour quelque part ailleurs dans l'Univers immense.

Pour téléphoner dans une autre ville, mon père – j'y reviendrai plus loin – devait se rendre au Bureau des télécommunications et des téléphones, donner à une standardiste le numéro qu'il voulait joindre et attendre patiemment que celle-ci l'appelle et lui indique la cabine où il pouvait passer son coup de fil. Je me demande ce qu'il aurait pensé si on lui avait dit qu'un jour tout le monde, y compris son fils, aurait dans sa poche un petit appareil permettant de communiquer instantanément avec le monde entier, non seulement en parlant, mais en envoyant des messages, photos, vidéos, musique et toutes sortes de données.

C'est pourquoi, bien que ce qui nous entoure puisse nous donner autant d'espoir que de crainte, j'aime à penser que l'humanité sera un jour véritablement capable d'atteindre le bonheur et d'accomplir ce formidable bond en avant qui lui permettra de trouver des solutions à des problèmes qui semblent aujourd'hui insurmontables ; qu'elle cessera de faire la guerre sous n'importe quel prétexte, réparera les erreurs commises et sera en mesure de créer les conditions d'une cohabitation pacifique entre les peuples et d'un partage des ressources disponibles harmonieux et durable.

Certains disent que les personnes malheureuses non seulement se font du mal mais finissent par créer des problèmes aux autres et à tout ce qui les entoure. D'autres vont jusqu'à revendiquer le droit sacré d'être malheureux. Je respecte tous les points de vue et les choix, mais je doute que celui d'être malheureux résulte d'une véritable liberté. Dans le cadre de mon activité thérapeutique, je fais tous les jours de mon mieux pour aider les personnes qui ne vont pas bien et qui pensent ne pas être capables de s'en sortir, en essayant de leur transmettre des connaissances utiles et en les encourageant à trouver en elles des ressources personnelles inconnues et invisibles auxquelles je suis le premier à croire.

Éliminer le malheur est essentiel pour changer le destin de notre planète, au même titre qu'éradiquer les virus mortels, retrouver la paix entre les peuples, créer un modèle de développement économique durable.

De nombreuses études scientifiques ont démontré que les personnes confiantes et optimistes résolvent plus rapidement et plus efficacement les problèmes que les personnes désabusées, cyniques et pessimistes. Les personnes heureuses peuvent également compter sur un système immunitaire plus réactif, répondent mieux aux traitements et tombent bien moins souvent malades que celles qui ne le sont pas.

Chacun de nous peut réagir de manière diamétralement opposée au même événement : il ne nous reste donc plus qu'à repartir de nous-mêmes, en cherchant à modifier notre perception du monde dans le sens le plus utile, le plus fonctionnel et le plus positif possible.

Écrire ou lire un livre ne sera sûrement pas suffisant, mais c'est un début et sans doute l'une des multiples manières possibles d'y arriver. Misons sur une diffusion rapide du syndrome de Braccobaldo, à l'échelle planétaire.

A. S.

Ce qui vous empêche d'être heureux

Soyons francs : si vous cherchez une raison d'être malheureux, vous avez l'embarras du choix. Dans votre liste personnelle, tellement longue, de choses qui vont de travers, ou qui tout simplement ne vont pas comme vous voulez, on trouve de tout. Et c'est une liste que vous pouvez étoffer chaque jour.

Vous pensez avoir le contrôle de votre vie et vous tombez de haut en découvrant qu'en fait vous ne maîtrisez quasiment rien de ce qui vous arrive.

Si les nouvelles du journal télévisé ne suffisent pas à vous déprimer, vous pouvez toujours vous rappeler ce qui a mal tourné dans la journée ou plus généralement dans votre vie. Peu importe d'ailleurs qu'il s'agisse d'expériences anciennes : elles sont toujours présentes, vives dans votre souvenir, et contribuent à dresser dans votre esprit des limites, des barrières, des sens interdits qui rendent votre cheminement vers le bonheur de plus en plus difficile.

Je vais vous confier un secret. Aucun des projets ou stratégies que vous pourrez élaborer ne vous mettra à l'abri des coups durs. Et si ces coups durs ne vous arrivent pas à vous, ils arriveront à quelqu'un de votre entourage. Et s'ils ne concernent pas quelqu'un que vous connaissez, ils affecteront certainement le monde dans lequel vous vivez.

Chaque jour vous donnera, potentiellement, l'occasion d'être offensé, blessé, déçu, frustré et découragé. Chaque jour vous rencontrerez des problèmes, petits ou grands, qui pourront aller jusqu'à vous faire regretter d'avoir vu le jour. Vous le savez déjà, n'est-ce pas ?

Commencez donc par bien prendre conscience de ceci : si l'on veut vraiment se donner les moyens d'avoir une vie pleine et heureuse, il faut cesser de penser et d'agir comme si le bonheur était une parenthèse plus ou moins longue entre deux moments de malheur.

La vie vous offre à parts égales des raisons d'être heureux et d'être malheureux. La bonne nouvelle, c'est qu'il ne tient qu'à vous de décider à laquelle des deux donner la plus grande place, la plus grande importance et la plus grande valeur.

Il vous faut donc renoncer à l'illusion qui consiste à croire que vous serez automatiquement heureux quand tel ou tel problème sera résolu, tel obstacle, surmonté ou tel objectif, atteint.

Tandis que vous continuez à rêver de la sorte, votre vie s'écoule, inexorablement, suit son cours naturel. Cet état d'esprit vous empêche de remarquer les choses incroyablement belles que pourtant vous croisez en chemin ; il risque même de cacher à vos yeux les événements et les personnes qui rendent votre existence unique, merveilleuse et singulière.

Commencez donc par rééduquer votre esprit, apprenez à vous aimer à nouveau vous-même, petit à petit, tous les jours, en remarquant et en accueillant le moindre motif de joie, aussi mince soit-il, et en amplifiant son importance : vous parviendrez ainsi rapidement à comprendre que si quelque chose va de travers, ce n'est pas une raison pour perdre globalement confiance dans la vie ou dans les autres.

Entraînez votre cœur à éprouver de la gratitude envers tout ce que la vie offre de bon : le simple fait d'être vivant, de respirer, sans parler de la chance d'être né dans une région du monde où, certes, les problèmes ne manquent pas, mais où l'on trouve eau et nourriture en abondance. Tâchez de reconnaître à leur juste valeur les personnes qui vous entourent et qui vous aiment, vous apprécient en toutes circonstances.

Alors non seulement vous apprendrez à accepter que tout n'aille pas toujours bien, mais encore vous ne permettrez plus que cela entrave votre droit naturel à une vie heureuse, ni le plaisir de partager votre bonheur avec autrui.

Vous n'êtes pas un poisson

Deux lois régissent notre Univers. Les manuels de physique ne les mentionnent pas, mais si vous les connaissez et si vous en tenez compte, votre vie deviendra instantanément meilleure.

La première loi est celle du dualisme.

Cette loi dit que rien ne pourrait exister si n'existait également son contraire. Demandez à un poisson ce qu'est l'eau. Même s'il savait parler, il ne pourrait pas vous répondre. Le poisson ne sait pas qu'il est mouillé, parce qu'il n'a pas la moindre idée de ce que signifie être sec. En revanche, vous qui n'êtes pas un poisson, vous devez tout ce que vous savez au fait d'en connaître aussi le contraire.

Vous savez ce qu'est la lumière, parce que vous connaissez l'obscurité.

Vous savez ce qu'est le chaud, parce que vous connaissez le froid.

Vous savez ce qu'est la haine, parce que vous connaissez l'amour.

Vous savez ce qu'est la guerre, parce que vous connaissez la paix.

Vous savez ce qu'est la santé, parce que vous connaissez la maladie.

Par conséquent, il n'y a rien qui puisse exister à vos yeux si n'existait aussi son contraire. Mais ces oppositions ne sont en réalité qu'un artifice : elles reflètent la manière dont votre esprit fait l'expérience du monde.

La lumière et l'obscurité par exemple sont inséparables. Quand la lumière du jour est partout autour de vous, l'obscurité ne cesse pas d'exister. Elle recouvre l'autre moitié de la planète. Et quelque part ces deux réalités sont unies, elles se confondent, sans solution de continuité.

Et donc bien que notre esprit ne perçoive qu'une chose à la fois, il existe une réalité unique qui se donne à voir sous deux aspects complémentaires et inséparables.

La seconde loi est celle de l'impermanence. Elle est plus facile à comprendre : elle implique que dans la vie tout change, que rien ne dure à jamais.

En ce moment même, dans votre corps, tout est en train de changer. Chaque jour, environ 432 milliards de cellules meurent et sont remplacées par de nouvelles, qui viennent juste de naître. En quatre semaines, votre peau est ainsi entièrement régénérée et, d'ici quinze ans, vous aurez un corps nouveau, qui se sera substitué à l'ancien.

Pourquoi, dès lors, placer sa confiance et ses espoirs dans quelque chose qui est déjà en train de disparaître ou de changer sous vos yeux ? En un sens, vous n'êtes plus aujourd'hui, du moins sur le plan physique, celui ou celle que vous étiez hier.

À quoi bon connaître ces deux lois ? C'est simple : votre bonheur dépend directement d'elles.

La première loi, celle du dualisme, vous révèle que si vous éliminiez de votre vie tous les événements malheureux, douloureux ou tristes, vous ne connaîtriez plus rien d'agréable, vous n'apprécieriez pas ce qu'il y a de positif dans votre existence et ne seriez plus jamais en mesure d'être heureux.

Je connais des personnes qui vivent dans des endroits où il ne pleut jamais, où le ciel est toujours bleu. Beaucoup d'entre elles choisissent de partir en vacances dans des lieux où il fait froid, où l'on peut porter un manteau, se faire mouiller de temps en temps par la pluie ou encore toucher la neige. Il en va de même pour des événements plus graves. Il est difficile d'admettre que ceux-ci peuvent avoir la moindre utilité, et pourtant c'est le cas.

Heureusement, nous avons la seconde loi, celle de l'impermanence. C'est grâce à elle que vous savez que, quand vous n'allez pas bien, voire très mal, cela ne durera pas éternellement. Ce mal vit en lien avec le bien. En vertu de la loi du dualisme, il est destiné à laisser la place à son contraire. En vertu de celle de l'impermanence, il est destiné à passer.

Là est la vraie nature de l'Univers.

Apprenez vite les règles du jeu, de manière à pouvoir y participer de manière active et non plus passive. Plus vous étendez le champ de votre savoir, plus vous gagnez en lucidité. Et plus vous augmentez votre capacité à surfer sur les vagues de la vie.

La pleine acceptation de la vie

Je pense que le bonheur consiste à vivre dans la gratitude. Non pas envers quelque chose ou quelqu'un en particulier, mais envers la vie elle-même.

Les événements positifs continueront d'alterner sans répit avec les événements négatifs, indépendamment de vos prétentions à contrôler ce qui vous arrive. Choisissez donc de vivre dans la gratitude !

Mettez un instant de côté la liste des choses à faire et des problèmes à régler, vers laquelle votre esprit se tourne spontanément.

Mettez de côté le souvenir ou, plus exactement, le ressassement de toutes les choses qui n'ont pas marché comme vous vouliez, dans le passé récent ou lointain, et qui vous ont blessé, déçu, frustré.

Mettez de côté le désir qu'un certain événement se produise dans le futur, qui suffirait à faire votre bonheur.

Abandonnez ces pensées parasites incessantes et entraînez-vous plutôt à répertorier toutes les raisons que vous avez de vous estimer chanceux. Soyez particulièrement attentif aux éléments qui font partie intégrante de votre vie et dont la présence n'a jamais requis de votre part un effort ou un engagement particuliers.

Si vous êtes en bonne santé, vous avez de la chance. Cela ne va pas de soi et vous vous en rendez compte quand une simple grippe vous cloue au lit. Alors plus rien n'a d'importance, et votre seul désir est d'aller mieux.

Si quelqu'un vous aime, ou que vous avez ne serait-ce qu'un seul ami fidèle à vos côtés, estimez-vous chanceux. Le monde est rempli de personnes isolées dont nul ne se préoccupe et que personne n'a serré dans ses bras depuis bien longtemps.

S'il y a de quoi manger sur votre table, soyez reconnaissant. Nous avons appris, ces dernières années, combien sont fragiles nos certitudes en matière économique et combien le seul fait de pouvoir prendre un repas par jour peut subitement relever du miracle pour de nombreuses personnes.

Faites la liste de ce qui rend votre vie meilleure, faites-la souvent – et tout particulièrement avant de vous coucher, pour vous endormir avec un sentiment de gratitude.

Au réveil, soyez heureux de respirer et de commencer la journée le sourire aux lèvres, avec, dans la tête, une pensée précise : *Je suis l'enfant chéri de l'Univers.* Découvrez la joie secrète de la pleine acceptation de la vie.

Se faire aimer à tout prix

Savez-vous qu'un nouveau-né peut survivre plusieurs jours sans nourriture, mais pas s'il est privé de câlins et de contacts physiques, autrement dit de gestes d'amour ? La privation de soins durant les premiers jours de la vie peut provoquer des dommages physiques et psychiques sévères et durables et même, dans certains cas, la mort.

L'amour donc, surtout au début de la vie, est beaucoup plus important que la nourriture, comme l'ont prouvé plusieurs expériences menées sur des singes qui venaient de naître. Les bébés singes avaient le choix entre une mère guenon en métal, qui donnait du lait, et une autre, découpée dans un tissu souple, qui ne donnait rien à manger : ils choisissaient toujours la guenon la plus douce et la plus chaude, renonçant à la nourriture fournie par une mère froide.

Il est probable que votre choix serait identique si vous étiez en situation de devoir et de pouvoir le faire. Le besoin de recevoir de l'amour est vital pour chacun d'entre nous. C'est seulement dans la lumière de l'amour reçu que nous nous sentons accueillis dans ce monde, considérés comme dignes d'amour et fondamentalement bons.

Au cours de notre vie, le besoin d'être aimé, accepté et approuvé nous conduit à modeler notre caractère en fonction de ce que les autres attendent : c'est un mécanisme lié à l'instinct de survie, qui peut nous faire adopter des comportements et des attitudes qui nous éloignent de ce que nous sommes vraiment.

Ce besoin peut nous amener à abandonner, petit à petit, notre véritable identité pour la troquer contre une autre, que nous considérons plus appropriée pour obtenir ce dont nous avons besoin.

En acceptant comme « nôtre » une identité qui ne l'est pas, nous nous retrouvons avec le mauvais conjoint ou un métier qui ne nous plaît pas ; nous en arrivons à reconnaître comme « authentiques » des valeurs qui ne le sont pas et auxquelles nous ne croyons pas le moins du monde.

Bien heureusement, il arrive quelquefois que la grande souffrance de l'âme ainsi « niée » parvienne à percer le voile de l'auto-illusion, nous incitant alors à entamer un difficile et douloureux voyage de retour à notre vraie nature.

Au terme de ce voyage, les plus courageux se verront récompensés : ils auront appris à s'aimer eux-mêmes et surtout à se pardonner de ne pas avoir réussi à correspondre à un idéal de perfection d'autant plus enraciné dans leur esprit qu'ils s'étaient persuadés à tort que seul un être parfait méritait de recevoir amour, reconnaissance et appui.

En réalité, ce ne sont ni la perfection, ni le troc d'une identité contre une autre qui peuvent répondre à nos besoins, mais seulement l'amour que l'on a pour soi-même et qu'il nous est possible de ranimer grâce à un processus conscient de réveil et de renaissance.

La capacité à comprendre que le besoin d'être aimé est à l'origine de beaucoup de nos erreurs nous donne la force et la motivation nécessaires pour nous pardonner à nous-mêmes et réparer les dommages que nous avons provoqués ou que nous avons subis en nous fabriquant un faux moi.

Si nous décidons d'être plus sincères, authentiques, spontanés, de reconnaître nos limites et de montrer à autrui nos fragilités, nous nous exposons peut-être à quelques rejets, mais seulement de la part de ceux qui ne nous aiment pas pour ce que nous sommes vraiment. En revanche, nous découvrirons de nouveaux amis et la vie nous paraîtra plus belle, plus facile et généreuse.

Et si nous nous reconnaissons nous-mêmes et reconnaissons nos besoins les plus authentiques, il sera aussi plus facile pour ceux qui nous entourent de les comprendre.

Les faux amis et les relations décevantes disparaîtront tandis que se présenteront progressivement, comme par magie, les réponses dont nous avons besoin pour vivre une existence pleine et digne, pour nous réaliser et accomplir tout ce que nous avons toujours désiré. Le monde révélera sa capacité à nous rendre heureux, en unissant de manière inconditionnelle son amour au nôtre.

Parce que si vous changez, le monde qui vous entoure change aussi – comme par enchantement.

Le Bureau des télécommunications et des téléphones

Pour les personnes de ma génération, l'une des choses les plus difficiles à gérer est de vivre avec un pied posé dans un passé très lent et un autre déjà en marche vers un futur trop rapide.

Je ne prendrai qu'un seul exemple. Il m'arrive de voyager beaucoup, mais où que je sois, je reste en contact permanent avec mes proches. Nous communiquons dès que nous en avons besoin, et pour ce faire nous avons l'embarras du choix : WhatsApp, Skype, Facebook, FaceTime, Messenger…

Nous pouvons communiquer à la maison, dans la rue, en voiture, dans le train, dans l'avion.

Nous sommes reliés les uns aux autres, toujours connectés.

Pourtant, j'ai conservé en moi le souvenir d'une époque où, enfant, je vivais dans une petite ville du sud de la Sicile, et où mon père devait, pour son travail, téléphoner à Milan ou à Rome au moins une fois par semaine.

Même ceux qui, comme nous, avaient à la maison un volumineux et pesant appareil téléphonique, doté d'un cadran rotatif, ne pouvaient pas appeler en dehors de la ville : pour les appels « interurbains » (comme on disait alors), il fallait se rendre, physiquement, au Bureau des télécommunications et des téléphones.

Pour moi c'était un moment magique, parce que j'avais le droit d'accompagner mon père. Il fallait attendre 22 heures, heure à partir de laquelle les tarifs baissaient. J'étais donc autorisé à me coucher plus tard que d'habitude : « Au lit après "Carosello"*. »

---

* « Carosello » est le nom d'une émission pour enfants diffusée quotidiennement de 20 h 50 à 21 heures sur la Rai 1 entre 1957 et 1977. L'émission étant très populaire, l'expression « Au lit après "Carosello" » était alors proverbiale.

Le Bureau des télécommunications et des téléphones était à dix minutes à pied de la maison : nous faisions toujours le chemin en silence, sans doute parce que mon père préparait mentalement ses rendez-vous téléphoniques imminents.

Quand nous arrivions, il y avait d'autres hommes qui attendaient dans une salle où trônaient de grands fauteuils en cuir. On pouvait fumer, et à côté de chaque fauteuil se trouvait un cendrier sur pied, doté d'un poussoir sur lequel il fallait appuyer pour faire disparaître cendres et mégots.

Derrière un long guichet se tenaient des jeunes femmes, les standardistes : mon père tendait à l'une d'elles une fiche avec son nom et les numéros à appeler, puis il allait ensuite s'asseoir dans l'un des fauteuils libres et allumait une cigarette.

Tout le monde attendait son tour sans dire un mot. Le silence était de rigueur, interrompu de temps à autre par les standardistes qui appelaient un nom et un numéro. La personne appelée éteignait rapidement sa cigarette dans le cendrier et se dirigeait d'un pas pressé vers la salle voisine qui abritait une longue file de cabines numérotées.

On pouvait voir, à travers les grosses portes vitrées insonorisées des cabines, lesquelles étaient libres et lesquelles étaient occupées. Je jouais à entrer et sortir des cabines libres qui étaient plongées dans l'obscurité. Dès que j'y mettais le pied, la lumière s'allumait et si je fermais la lourde porte, je faisais l'expérience d'un silence que l'on n'entendait nulle part ailleurs.

À l'intérieur flottait une odeur de cuir, qui provenait du revêtement insonorisant. Il y avait une petite étagère et le combiné du téléphone était suspendu à un crochet.

Quand, dans la salle, la jeune femme appelait le nom de mon père et lui donnait le numéro de la cabine où il devait se rendre, je le suivais jusqu'à la porte où le téléphone sonnait et souvent je m'enfermais dans la cabine avec lui.

Mon père passait ses appels et ensuite allait payer une somme qui variait selon la durée des conversations. Puis nous faisions le chemin en sens inverse jusqu'à la maison. Là non plus nous ne disions rien. Peut-être que mon père repensait aux échanges qu'il venait d'avoir et en soupesait les conséquences, sur son travail et nos finances.

Moi, je ne pensais à rien de tout cela, j'étais juste heureux de ces petites aventures nocturnes avec lui.

Il est mort quelques années plus tard. J'avais seulement douze ans. Le temps était encore lent. Et ces souvenirs sont comme des perles enfouies dans mon cœur.

Ce que nous appelons « réalité »

C'est de manière complètement imprévue et fortuite que ma conception de la réalité, qui avait déjà évolué plusieurs fois au cours de ma vie, s'est profondément modifiée. Je me trouvais dans ma maison de campagne, un dimanche matin.

Tout le monde dormait encore et je m'étais retrouvé dans mon bureau, à peine réveillé et encore engourdi, à regarder fixement, sans aucune raison, une petite table en bois.

Je voyais ce que tout le monde voit. Un objet utile, statique et inanimé, avec quatre pieds, un plateau et des couleurs chatoyantes, quand tout à coup une idée étrange me traversa l'esprit. Je songeai que si je pouvais agrandir des millions de fois un seul millimètre de la matière de cette table, j'observerais des milliards de molécules, d'atomes et de particules s'agitant à une vitesse impossible à percevoir à l'œil nu.

M'enfonçant toujours plus loin dans ces spéculations oisives, j'en arrivai à la conclusion que, contrairement à ce que me faisaient croire mes sens, cette table était tout sauf un objet statique et inanimé, et qu'il en allait de même pour tous les objets de la pièce, le sol, le plafond, les murs, et même la maison entière.

En un instant, la réalité qui m'entourait s'était transformée : ce qui m'avait semblé inerte et immobile s'avérait en fait dynamique et vibrant d'énergie. Autrement dit, je commençais de comprendre que ce que nous voyons et à quoi nous nous fions n'est peut-être pas une illusion optique et sensorielle à proprement parler, mais un seul aspect d'une vérité bien plus complexe et fascinante.

Bref, il suffisait de s'appuyer sur ce que la science avait révélé déjà plusieurs décennies auparavant pour comprendre que notre conscience du monde n'est pas supérieure à celle d'une fourmi à l'égard des étoiles, des planètes et de la poussière cosmique.

Les résultats des recherches d'Einstein, Planck et d'autres physiciens ont démontré que, au-delà d'une certaine limite dimensionnelle, la matière n'apparaît plus comme telle, mais qu'elle révèle sa nature originelle d'énergie pure, parfois visible sous forme de *particules* et mesurable sous forme d'*ondes* ou de fréquences vibratoires. La perception de ce qu'est *vraiment* la réalité se situe donc au-delà de nos possibilités sensorielles, mais cela ne signifie pas qu'elle n'existe pas.

Ce dimanche matin-là, ma vision *matérialiste* des choses avait tout à coup fait place à une vision *énergétique*, et les certitudes offertes par le visible avaient été définitivement remplacées par une réalité qui, bien qu'*invisible*, n'en était pas moins vraie.

Malheureusement, à partir du moment où mon esprit acceptait cela, l'idée que je me faisais de mes semblables et de moi-même devait, elle aussi, nécessairement changer.

Tout comme l'Univers avec lequel nous sommes interconnectés, nous sommes faits de molécules, d'énergie et d'ondes, et nous fonctionnons comme n'importe quel champ énergétique doté d'une dimension vibratoire à l'origine d'une certaine fréquence. Même s'il est invisible, notre champ énergétique personnel se répand autour de nous et interagit constamment non seulement avec celui d'autres personnes, mais avec tout ce qui nous entoure.

On pourrait donc dire que nous sommes comme des émetteurs-récepteurs radio, qui envoient et reçoivent des signaux et les échangent avec d'autres lorsqu'ils partagent la même modulation de fréquence.

Cela expliquerait, au-delà des prétendues affinités électives ou de caractère, pourquoi nous sommes plus en syntonie avec certaines personnes qu'avec d'autres ; cela pourrait également éclairer le mystère et la magie de l'intérêt que nous nourrissons à l'égard de certaines personnes en particulier, ou de l'attirance physique que nous ressentons pour quelqu'un ; cela pourrait même nous aider à percer cette grande énigme : comment on tombe amoureux.

Fascinant, n'est-ce pas ? En ce qui me concerne, depuis ce dimanche-là, ma conception de la réalité est devenue bien moins matérialiste et cette prise de conscience a contribué à améliorer ma vie et celle des personnes dont je m'occupe.

Et comme lors d'une réaction en chaîne, il s'est passé autre chose : car quand vous abandonnez une conception exclusivement matérialiste de l'existence, vous gagnez en retour une vision plus spirituelle.

Le mot « esprit », dont dérive l'adjectif « spirituel », vient du latin et signifie « souffle, vent ». Comme le vent, l'esprit est invisible ; comme le vent, il est dépourvu de dimension matérielle, pourtant nous pouvons percevoir son existence, tout comme nous savons que le vent s'est levé lorsque tremblent les feuilles des arbres ou que se déplacent les nuages.

L'esprit, comme l'énergie invisible et immatérielle qui habite en nous, se manifeste à travers notre corps. De l'état d'équilibre et de santé de notre corps, nous pouvons remonter aussi bien aux causes de notre bien-être et de notre bonheur qu'aux déséquilibres et dysfonctionnements qui se sont produits dans notre dimension spirituelle, qui précède et donne vie à la matière.

Je vous invite donc à ne pas vous contenter de ce que vous voyez : admettez que la réalité n'est pas seulement ce que vous percevez avec vos sens, mais bien quelque chose de plus complexe, plus profond, plus réjouissant, dynamique et fascinant. Elle est aussi beaucoup plus riche que vous le pensez, et tout à fait susceptible de répondre à vos besoins de manière créative et imprévisible, pour peu que vous l'y autorisiez.

Le Bonheur avec un « B » majuscule

On m'objecte souvent ceci : « Comment peut-on être heureux alors qu'il y a tant de catastrophes et de souffrances dans le monde ? Comment peut-on être heureux quand on est confronté aux malheurs de personnes proches, de la société dans laquelle on vit ou du monde entier ? »

Le bonheur dont je parle n'est pas lié à des contingences externes, ni à des bouleversements émotionnels hors de notre contrôle. La douleur, la pauvreté, la violence, la séparation, la souffrance, la maladie et la mort font partie intégrante de notre existence, elles sont inévitables, de sorte qu'un bonheur fondé sur leur absence momentanée est nécessairement un bonheur précaire.

Vous connaîtrez sans doute ce type de bonheur chaque fois que vous aurez atteint les objectifs que vous vous étiez fixés ou bien quand vous vivrez des expériences et des situations gratifiantes. Pourtant, malheureusement, quand vous aurez obtenu ce pour quoi vous vous êtes battu, vous commencerez à craindre de le perdre, compromettant ainsi le bonheur auquel vous étiez parvenu. Ou alors vous vous rendrez compte que l'assouvissement de vos désirs ne suffit pas à apaiser votre insatisfaction et vous serez amené à en vouloir toujours plus.

L'alternance entre plaisir de la conquête et douleur de la défaite ou de la perte rythmera ainsi votre vie. Ce mode d'existence, fondé sur des principes transitoires, vous procurera un sentiment de vide qui, sauf en certains moments de bonheur plus ou moins brefs, continuera d'alimenter votre impression d'insécurité et votre insatisfaction.

L'autre type de bonheur, celui qui m'intéresse, est indépendant de toute condition extérieure. Il existe et il a toujours existé en vous, en dehors de tout événement. Il coule comme le sang dans vos veines, il surgit de la conscience que vous avez d'être vivant, d'exister et de vibrer en ce monde, en ce moment même.

C'est un bonheur inné et instinctif que vous ne pouvez pas contrôler, pas plus que vous ne contrôlez votre respiration et les battements de votre cœur, la croissance de vos ongles ou de vos cheveux, le lever et le coucher du soleil, ou l'alternance des saisons.

C'est un bonheur qui est toujours à portée de main. Il est là, nourri par la conscience que les événements bons comme mauvais sont temporaires, tandis que le flux de l'existence, qui vous traverse, est irrépressible et qu'il vous soutient depuis toujours, à chaque instant de votre vie dans ce monde, en vous permettant de surmonter les difficultés, les douleurs et même les tragédies, et de vous découvrir finalement plus fort qu'elles.

Mais c'est surtout un bonheur qui ne peut être atteint que si vous abandonnez les idées reçues selon lesquelles vous n'êtes pas à la hauteur, vous ne méritez pas l'amour, la fortune et la prospérité, vous ne pourrez jamais ni nulle part vous sentir véritablement en sécurité.

Pour accéder au Bonheur auquel chacun a droit, vous devez dès maintenant vous persuader que vous êtes parfait et accompli ! Que vous n'êtes pas seul, et que vous ne faites qu'un avec le monde qui vous entoure. Que votre vie est un cadeau et que vous êtes constamment en contact avec la source de tout, nourri et fortifié par des dons incroyables qui n'exigent aucune contribution ni effort de votre part.

C'est seulement si vous faites cette expérience et en tirez lucidement toutes les conséquences que vous serez en mesure de considérer les épreuves et les vents contraires comme faisant inévitablement partie du jeu de la vie, et que vous arriverez même à leur donner un sens.

Tout cela n'est possible que si vous lâchez prise, si vous acceptez ce qui vient, renoncez à votre prétention de contrôle et contemplez la beauté et la perfection suprême du monde auquel vous appartenez. Chaque fois que vous vous connecterez au flux irrépressible de la vie, vous sentirez que vous en faites vous aussi partie ; et alors vous ferez l'expérience concrète du bonheur éternel et infini de vivre, vous serez comme submergé par un immense sentiment de gratitude.

Si je pense aux événements dramatiques de ma vie, qui ont été nombreux, je ne peux m'empêcher d'y lire ce message de puissance, de lumière et d'amour qui ne m'abandonne jamais.

Le Bonheur avec un « B » majuscule consiste simplement à reconnaître en soi cette force, ce sentiment d'appartenance et cet amour inconditionné. Quand je suis plongé dans cet état de béatitude, je n'ai absolument plus besoin de nier la douleur et la souffrance.

Je découvre alors la possibilité d'être heureux en toute circonstance, même si une part de moi est occupée à faire face aux vicissitudes de l'existence.

L’esprit négatif

On sait depuis longtemps déjà que notre esprit est particulièrement réceptif aux informations et aux émotions négatives, qu’il est attiré par les mauvaises nouvelles, les catastrophes, les conflits. S’il en allait différemment, plus personne ne regarderait les journaux télévisés, ni ne lirait la presse. Sans parler des talk-shows télévisés où coqs et oies de toutes espèces, aux ego surdimensionnés, s’attaquent, s’opposent et s’insultent, à la recherche d’une suprématie verbale éphémère et d’une minute de gloriole. Et tandis que le public est partagé entre plaisir et répulsion, le taux d’audience, lui, ne cesse de grimper…

Ni la stupidité ni le masochisme ne peuvent expliquer cette attirance pour le pire, qui s'enracine dans les mécanismes primitifs de survie de notre espèce : pour nos ancêtres, prendre connaissance des malheurs était très utile pour développer des stratégies défensives et prévenir des désastres plus graves.

Cela n'est plus nécessaire aujourd'hui, mais notre cerveau archaïque continue de fonctionner comme il y a des millions d'années. Nous continuons donc à nous intéresser à tous les malheurs qui arrivent autour de nous, avec l'illusion qu'ainsi nous apprendrons à les prévenir et empêcher qu'ils nous touchent directement.

Certaines recherches scientifiques récentes ont démontré que, une fois arrivées à notre cerveau, les mauvaises nouvelles y demeurent longtemps. Inversement, les bonnes nouvelles, les expériences positives et leurs effets bénéfiques ont une durée de vie beaucoup plus courte.

En fait, notre système d'exploitation considère plus utile et avantageux de conserver les pires expériences, que ce soit sous forme de mauvaises nouvelles ou d'expériences négatives, plutôt que les bonnes, même si celles-ci nous procurent une énergie positive et contribuent à notre bien-être.

Mais il y a plus grave. Si, alors même que nous vivons une expérience positive et gratifiante – qui nous invite à l'optimisme –, il nous arrive quelque chose de mauvais, nous changeons complètement de perspective et repeignons tout en noir. À l'inverse, quand nous sommes plongés dans un état d'esprit négatif, il est beaucoup plus difficile d'en sortir et de changer de point de vue, même quand se produit un événement positif.

Tout cela a été démontré chronomètre en main, et nous devons prendre conscience de notre façon de fonctionner : l'esprit négatif est toujours à l'affût de ce qui pourrait confirmer son bon droit.

Imaginons une situation concrète dans laquelle pourraient sans doute se reconnaître plusieurs d'entre nous. On vous a offert un pull en pur cachemire qui vous plaît énormément, aussi bien par sa couleur que par sa douceur. Vous avez décidé de le porter à l'occasion d'une fête chez des amis, et tout le monde vous complimente, il vous va à ravir. Vous allez aux toilettes, le sourire encore aux lèvres, levez les yeux sur votre reflet dans le miroir et découvrez tout à coup un petit défaut, un fil tiré ou une minuscule tache, presque invisible, sur votre pull. Votre humeur change du tout au tout. Ce défaut remet non seulement en question l'intégrité et la qualité du cadeau, mais aussi le plaisir que vous avez éprouvé en le recevant. Et c'est comme si tous les compliments que vous avez entendus à son sujet s'étaient volatilisés. Vous retrouvez vos amis avec l'angoisse que quelqu'un remarque le défaut. La fête se poursuit et les éloges sur votre magnifique pull ne tarissent pas, mais le bonheur que celui-ci vous procurait n'est plus le même. N'en est-il pas ainsi ? Peut-être n'est-ce pas le cas pour vous personnellement, mais je connais beaucoup de gens qui vivent les choses de cette manière, et sans doute cela vous rappelle-t-il certaines personnes de votre entourage qui sont toujours prêtes à voir le côté négatif des choses.

Quelles conclusions tirer de tout cela ? Prenons d'abord acte du fait que, dans notre quête d'une vie meilleure et plus satisfaisante, nous ne pouvons pas vraiment compter sur l'aide de notre esprit. Nous devons donc faire des efforts pour l'éduquer et l'entraîner, par la pratique, à se comporter autrement. Nous devons, intentionnellement, relever et valoriser les événements positifs de notre vie, nous y attarder le plus longtemps possible et chercher à découvrir le bon qui se cache même au cœur des plus terribles épreuves.

Mais surtout nous devons apprendre à reconnaître le plus tôt possible le moment où notre esprit sombre dans les méandres de la négativité, pour modifier rapidement l'état de notre niveau énergétique.

Comment ? En changeant de sujet, de chaîne, en recherchant le contact de la nature, en bougeant notre corps, en faisant des choses qui nous font du bien, en fréquentant des personnes positives, en regardant un film qui nous fait rire, en écoutant la musique qui nous plaît, en nous alimentant de manière saine et en nourrissant notre esprit de beauté…

Bref, il faut à tout prix éviter de conforter les croyances négatives qui, si nous cessons de les nourrir, ne pourront plus conditionner notre vision globale de la vie. Parallèlement à cette bonne hygiène de vie mentale, nous devons apprendre à nous focaliser sur ce qu'il y a de bon en nous, à nous aimer davantage, avec le cœur, en rééduquant et en réorientant notre esprit vers la gratitude à l'égard de tout ce qui enrichit notre vie.

Ce qui donne du sens à votre vie ne s'achète pas

Tout ce qui s'achète a des limites – de durée, de disponibilité, d'accessibilité – et est par nature transitoire. C'est pourquoi, si notre bonheur dépend de biens matériels, quelle que soit par ailleurs la durée de vie de ces objets, il sera constamment menacé.

En revanche, les pensées, les émotions, les sentiments, les rêves, la créativité, l'inspiration, la conscience, l'intuition, la foi, la connaissance sont des biens immatériels, intangibles, invisibles.

On ne peut ni les peser, ni les mesurer, ils ne s'achètent ni ne se vendent, et sont accessibles à chacun à tout moment, en quantité inépuisable.

Ce sont ces choses immatérielles sur lesquelles vous pourrez toujours compter, les seules qui donnent sens et plénitude à votre vie.

Il est facile d'être heureux quand tout va bien

Le véritable *art* de vivre consiste à aller bien même quand les choses ne se passent pas comme on l'aurait voulu.

Aller bien dans l'adversité ne signifie pas avoir perdu la tête et le sens des réalités, ou encore être devenu insensible à toute forme de souffrance, de découragement ou de douleur.

Aller bien même quand les choses tournent mal veut dire ne jamais renoncer à l'espoir que, tôt ou tard, elles s'arrangeront.

Cela signifie être intimement convaincu que les circonstances de la vie sont, par nature, vouées à changer.

Nous ne pouvons pas résister à une vague qui déferle sur nous, surtout si elle est très puissante. À ce moment-là, elle est plus forte que nous. Elle peut même renverser notre embarcation et nous maintenir la tête sous l'eau un bon moment.

Mais si nous avons acquis la conviction que son destin est d'avancer, tandis que le nôtre est de rester où nous sommes, alors, même la tête sous l'eau, nous savons que nous remonterons bientôt à la surface et que ce qui nous est arrivé ne sera bientôt plus qu'un mauvais souvenir.

Et si plus tard ce souvenir devait nous revenir en mémoire, nous pourrions le rendre moins pénible en pratiquant l'acceptation : c'est un recours souvent très précieux, notamment lorsque regretter le passé ou se dire que les choses auraient pu tourner autrement ne sert plus à rien.

Le génie de la lampe

Chaque matin, à votre réveil, un génie sort de sa lampe et vous dit : « Bonjour, maître, vos désirs sont des ordres. Parlez, et je m'exécuterai. »

Pendant quelques secondes, quelques secondes seulement, vous êtes parfaitement et merveilleusement libre. Vous pouvez être ce que vous voulez, faire tout ce que vous souhaitez, prendre n'importe quelle décision. Vous pouvez même vous rappeler vos rêves d'autrefois et décider de les réaliser.

C'est un état de pure grâce.

Mais il ne dure pas. Car très rapidement, votre esprit, tel un ordinateur, se met à charger le vieux système d'exploitation où vous avez programmé non seulement vos potentialités mais encore et surtout vos limites. Ce logiciel s'est constitué progressivement et il vous dit à présent qui vous êtes et ce que vous ferez de votre avenir.

À cause de lui, en quelques instants vous vous identifierez exclusivement à votre adresse, votre ville, votre âge, votre travail, votre famille, vos amis, vos diplômes, vos souvenirs, l'argent ou les crédits que vous avez en banque, les vêtements rangés dans vos tiroirs ou votre armoire, votre maison, votre voiture, votre téléphone portable, votre ordinateur, votre téléviseur.

Il est tout à fait possible que cela vous convienne et que cela corresponde à vos désirs.

Mais si ce n'est pas le cas, c'est parce que chaque jour, petit à petit, vous vous êtes retrouvé limité, enfermé, « défini » selon des termes forgés par les expériences passées et les traces qu'elles ont laissées. Tout cela a inévitablement restreint vos potentialités et votre liberté.

Vous avez rapidement oublié que vous êtes toujours, à chaque moment, libre de choisir et de changer votre vie dans un sens qui pourrait vous rendre plus heureux et épanoui.

Le génie qui aurait pu vous ramener à votre condition d'homme ou de femme libre retournera dans sa lampe, convaincu que vous n'avez pas besoin de ses services.

Le plus souvent, l'absence de bonheur dans votre vie n'est pas liée à des conditions défavorables ni à des circonstances extérieures, mais aux limites que vous seul vous êtes imposées, aux multiples identités que vous avez endossées et qui sont généralement le résultat des conditionnements et des attentes de votre entourage, depuis votre naissance.

Vous avez probablement cru que correspondre, ou réagir à ces attentes était le but de votre vie. Vous vous êtes créé de nouveaux visages, de nouvelles relations, pour répondre aux conditionnements familiaux, sociaux, économiques, politiques, culturels, religieux de votre temps.

Vous avez fait tout cela pour survivre, être accepté, être aimé. Et vous avez très bien fait. Vous ne pouviez agir autrement.

Mais si aujourd'hui quelque chose dans votre vie ne vous plaît pas, si ce que vous êtes et ce que vous avez ne vous rendent pas heureux, alors cela signifie que tous ces efforts ne sont plus utiles.

Vous êtes malheureux parce que vous avez l'impression de ne plus avoir la possibilité de choisir et que vous ne savez pas comment vous libérer. Ces identités forment le cocon que vous vous êtes construit tout seul, et qui a fini par devenir une prison.

Alors, réveillez-vous !

Rappelez-vous que vous n'êtes pas né pour être une chenille, mais un papillon magnifique !

Si vous comprenez cela, vous sortirez de votre cocon pour vous envoler, comme il est en votre pouvoir de le faire.

Rappelez-vous que le but de votre vie n'est pas de satisfaire les attentes des autres, mais de connaître votre vrai moi, c'est-à-dire l'être enfermé et caché derrière toutes les fausses identités et les alibis que vous avez fabriqués, et qui sont à l'origine de votre inexplicable douleur existentielle.

Le but de votre vie est de comprendre que vous êtes venu au monde avec un projet à découvrir et à accomplir, au service de l'Univers qui vous entoure et en syntonie avec lui.

Mais vous n'êtes pas obligé d'y arriver. La nature accorde à toutes les graines le même potentiel. Seules quelques-unes deviennent des fruits. Les autres moisissent et intègrent le cycle énergétique de l'informe.

C'est la lucidité qui vous permettra de vous arracher à l'informe et de vous en différencier. La décision est le moteur du changement.

Commencez par consacrer plus de temps et d'attention à vous connaître vous-même et comprendre votre vraie nature. Quand vous aurez découvert votre projet, vous aurez compris le sens de votre vie. Alors rien ne pourra vous détourner de votre objectif et vous empêcher de l'atteindre ! C'est cela, et rien d'autre, qui vous rendra heureux.

Trouvez vos réponses, trouvez votre voie, trouvez vos alliés.

Faites de votre vie une œuvre d'art.

La nature ne sépare rien

Je me souviens encore des dessins colorés et fascinants qui figuraient sur la couverture de certains de mes cahiers quand j'étais à l'école primaire, il y a bien longtemps. Ils représentaient les conquêtes scientifiques les plus importantes de l'époque.

Ces couvertures nous annonçaient, à nous écoliers, dans un climat de confiance et d'optimisme généralisés, que l'homme s'acheminait vers un avenir radieux, marqué par le progrès lié aux découvertes et connaissances scientifiques qui rendraient sa vie plus belle.

Un de ces dessins représentait une fusée à la queue enflammée, lancée en direction d'un ciel obscur et étoilé. Un autre figurait, en un cercle joyeux et coloré, toutes les planètes qui composent le Système solaire.

Évidemment, on trouvait aussi, sur l'une de ces inoubliables couvertures, ce qui symbolisait alors la forme de connaissance scientifique la plus haute jamais atteinte par l'homme dans l'étude de la matière : l'*atome*. On lui avait donné l'aspect d'une petite boule sympathique, autour de laquelle tournaient à toute allure de minuscules sphères bariolées.

Le mot « atome » signifie « indivisible » et ses origines sont lointaines. C'est le philosophe grec Démocrite qui, quatre cents ans avant notre ère, a donné ce nom à ce qu'il décrivait comme la composante ultime et indivisible de la matière.

Comme chacun sait, Démocrite a été démenti près de deux mille ans plus tard, et malheureusement de la manière la plus dévastatrice et destructrice possible, quand les Américains ont lancé les bombes atomiques sur les villes japonaises d'Hiroshima et Nagasaki.

Les hommes ont alors découvert que l'atome était divisible, et comment ! En provoquant sa fission, ils pouvaient libérer des quantités énormes et ravageuses d'énergie, de chaleur et de radioactivité. L'énergie atomique a ensuite trouvé des applications civiles certes très discutées, mais assurément plus utiles et moins destructrices.

À la fin du siècle dernier, de nouvelles découvertes scientifiques ont remis en cause plusieurs des certitudes auxquelles les physiciens étaient parvenus. Les formules d'Einstein sur l'énergie, le comportement de la lumière et la courbure de l'espace ont bouleversé les fondements de la physique newtonienne qui, bien qu'ils permettent d'expliquer une part non négligeable de la réalité, *en réalité* ne peuvent pas tout expliquer, notamment si l'on descend au niveau de l'infiniment petit.

On a en effet découvert que, dans notre microcosme, non seulement il existe des particules des milliards de fois plus petites que le plus petit des atomes connus, mais encore que ces mêmes particules se comportent selon des modalités encore mystérieuses, puisqu'elles peuvent disparaître et réapparaître de *nulle part* en apparence.

On pourrait penser que tout ceci ne concerne que les scientifiques – c'est-à-dire une petite communauté internationale d'individus qui passent leur vie dans un monde de formules très compliquées, enfermés dans les entrailles de la Terre. Mais si vous voulez savoir de quelle manière les découvertes de la science sont l'affaire de tous, laissez-moi vous raconter l'histoire d'une des plus incroyables et fascinantes révélations des dernières décennies.

L'intrication quantique

L'étude du comportement des particules infinitésimales qui semblent surgies de nulle part, ou plutôt d'un monde totalement immatériel, a mené les chercheurs à faire une découverte surprenante.

Ils ont observé, au cours d'une expérience devenue célèbre, que la collision entre deux particules en générait de nouvelles qui, étant nées du même événement, avaient des caractéristiques identiques et pouvaient donc être considérées comme *jumelles*.

Recourant à un complexe dispositif électromagnétique, les chercheurs sont parvenus à séparer ces particules afin d'analyser le comportement spécifique de chacune d'elles. Ils ont ensuite cherché à inverser le sens de rotation d'une des deux particules jumelles (*spin*).

Il s'est alors produit quelque chose que notre esprit a encore aujourd'hui du mal à comprendre et accepter : dès que le sens de rotation d'une des particules a été inversé, l'autre, qui avait été séparée et isolée de la première et n'avait donc fait l'objet d'aucune manipulation, a également changé le sien.

Vous pouvez imaginer la stupeur des chercheurs qui ont réalisé cette expérience, et l'ont ensuite répétée à plusieurs reprises, avec toujours le même résultat.

Comment une particule peut-elle savoir ce qui est arrivé à l'autre et comment fait-elle pour se comporter à l'identique ?

Les particules ont *simultanément* inversé le sens de la rotation, ce qui signifie qu'une particule n'a même pas eu le temps nécessaire pour voyager dans l'espace et rejoindre sa jumelle pour lui ordonner de modifier son comportement.

Comment cela est-il possible ? Comment ces particules font-elles pour communiquer entre elles ? Quel lien les unit l'une à l'autre ?

À défaut d'explication, ce phénomène a au moins un nom : « l'intrication quantique », c'est-à-dire une forme de communication qui génère un comportement identique chez deux entités séparées dans le temps et dans l'espace. L'expérience a ainsi démontré, en d'autres termes, que les choses les plus proches de nous et les plus lointaines peuvent se révéler totalement interconnectées et en communication les unes avec les autres.

L'une des hypothèses avancées pour expliquer ce phénomène est que la séparation des particules n'est qu'illusoire et qu'il existe en réalité un *champ unifié* au sein duquel coexistent les éléments que nous voyons séparés. Ces derniers ne sont pas livrés au chaos, mais évoluent de manière intelligente, ordonnée, parfaite.

Ces découvertes, aussi fascinantes que déconcertantes, nous touchent de près, car il ne fait aucun doute que nous faisons partie intégrante de l'Univers et sommes soumis à ses lois, comme n'importe quel autre de ses éléments constitutifs, même si c'est parfois de manière incompréhensible. À un certain niveau dimensionnel, nous sommes en connexion totale avec ce qui nous entoure.

Cela a d'ailleurs été pensé il y a bien longtemps : on en trouve trace dans les textes les plus anciens connus à ce jour, les *Veda*, composés en Inde il y a plus de trente-cinq mille cinq cents ans.

Même Bouddha en a parlé, il y a deux mille cinq cents ans, lorsqu'il expliquait que chaque chose qui existe dans l'Univers est interdépendante de tout le reste et soumise à la loi universelle de la cause et de l'effet.

Le psychologue Carl Gustav Jung a quant à lui émis l'hypothèse d'un *inconscient collectif*, qui ressemble singulièrement à la *théorie du tout* ou *du champ unifié* postulée par Einstein, pour expliquer certains phénomènes de synchronie, d'intuitions et de coïncidences.

Maintenant que la science est parvenue aux mêmes conclusions que la spiritualité, la philosophie et la psychologie, il convient de nous redemander en quoi tout cela peut bien vous concerner.

Bien sûr, en tant qu'être humain, vous avez des capacités perceptives limitées pour voir et comprendre ce phénomène. Cependant, il explique bien des choses, comme les intuitions, la télépathie, les résonnances et l'empathie, qui vous font vivre dans un échange permanent avec vos semblables.

Vous pourriez même être amené à reconsidérer votre conception de la solitude : elle relève certes du moi et de la sphère psychologique, mais elle se voit réfutée par votre effective et indissoluble appartenance et votre participation active à tout ce qui vous environne.

Pour être véritablement seul, il faudrait que vous soyez séparé de toutes choses ou êtres, mais c'est un état qu'apparemment la nature n'a pas envisagé comme possible. Le sentiment de solitude n'est rien d'autre qu'une énième tromperie de votre esprit, l'une des nombreuses illusions que nous prenons pour la réalité.

J'ai personnellement dépassé cet écueil, en me posant des questions nouvelles, dont les réponses ont fini par remettre en cause mon expérience même de la solitude : si je l'ai d'abord vécue, comme tout un chacun, sur le mode de la séparation, de l'exclusion ou de l'abandon, elle s'est ensuite muée en un sentiment d'appartenance inédit et authentique, indépendant des conditions physiques et matérielles dans lesquelles je me trouvais.

Des expériences pratiques comme la méditation et une quête spirituelle non dogmatique ou ritualisée m'aident chaque jour à progresser sur le chemin de l'épanouissement personnel où je me suis engagé, ainsi que dans la recherche d'une complétude au sein d'une réalité que je regarde aujourd'hui d'un œil neuf.

J'espère qu'en suivant mon inspiration vous y parviendrez aussi.

Le bonheur caché

Un jour, les dieux s'avisèrent que les hommes qu'ils avaient créés étaient trop heureux. Ils tinrent conseil.

« Jusqu'où irons-nous à ce rythme ? dit l'un. S'ils continuent à être toujours plus heureux, ils n'auront bientôt plus besoin de nous. » Un autre ajouta : « Ils ne nous craindront ni ne nous imploreront plus. » Tous acquiescèrent à ces propos, terriblement inquiets.

Après une vive discussion, ils s'accordèrent sur la seule issue possible : voler le bonheur aux hommes, en le cachant là où ils ne le retrouveraient jamais.

Mais un nouveau problème surgit aussitôt. « Le bonheur est très difficile à cacher. Où le mettre ? »

Après un moment d'hésitation, l'un des dieux proposa : « Dissimulons-le au fond des mers, les hommes ne pourront pas nager jusque-là. Ils ne le retrouveront jamais. »

« Non, les hommes sont trop intelligents. Tôt ou tard ils inventeront des sous-marins pour plonger dans les abysses et ils mettront la main dessus. »

Un autre dit : « Cachons le bonheur dans le ciel, ils ne savent pas voler et n'arriveront sûrement pas là-haut. »

« Et s'ils finissent par inventer des machines qui volent et sillonnent le ciel et l'espace ? »

Les dieux se rembrunirent et continuèrent de réfléchir.

Le visage de l'un d'eux, qui semblait être le plus âgé et le plus sage, s'éclaira tout à coup : « Cachons le bonheur au fond du cœur des hommes. C'est sûrement le dernier endroit où ils penseront à le chercher ! », s'exclama-t-il, triomphant.

Les autres, qui connaissaient bien les hommes, comprirent que c'était là la meilleure idée qu'on puisse avoir et le félicitèrent pour ce trait de génie. Ils mirent leur plan à exécution.

Et depuis ce jour, les hommes recherchent leur bonheur perdu dans le désordre du monde, sans jamais regarder dans le seul endroit où ils pourraient vraiment le trouver !

Se plaindre ne résout rien

Vous avez remarqué combien de gens passent leurs journées à se plaindre ?

Je suis sûr que, comme moi, vous entendez quotidiennement les jérémiades de personnes mécontentes de ce qui ne va pas dans le monde, dans leur propre vie ou dans celle des autres.

Cela dit, qui veut se plaindre n'a que l'embarras du choix. Le monde nous offre un nombre infini d'occasions et de sujets sur lesquels exercer notre aptitude à récriminer.

Mais il est deux vérités que nous ne pouvons ignorer : 1) se plaindre ne modifie en rien le cours des choses ; 2) après l'avoir fait ou avoir entendu les autres le faire, nous nous sentons encore moins bien qu'avant.

Et, autre chose à savoir, moins connue mais tout aussi vraie et importante : râler suscite dans notre organisme une réaction biochimique toxique qui nuit même au système immunitaire.

Mais alors, pourquoi continuons-nous à nous comporter d'une manière aussi improductive ? Et pourquoi nous exposons-nous aux doléances d'autrui, sans chercher à échapper à une chose qui, au bout de quelques minutes, nous fera plus de mal que de bien ?

À cause du mode de fonctionnement de notre esprit et des comportements encodés alors que notre système d'exploitation était encore en cours de création et de programmation. Au début de notre vie, l'unique moyen dont nous disposions pour obtenir la satisfaction de nos besoins était de pleurer. Il n'est jamais venu à l'esprit d'un nourrisson d'attirer l'attention par un éclat de rire sonore.

Notre instinct de survie nous pousse à exprimer nos besoins en pleurant parce que nous misons sur le fait que, tôt ou tard, quelqu'un prendra soin de nous et fera en sorte que nous allions mieux.

À peine apprenons-nous à parler que les pleurs se transforment en paroles (de lamentation) et que nous nous mettons à dire tout ce qui ne va pas, ce qui ne nous plaît pas, ce qui nous dérange ou nous fait souffrir, toujours convaincus que, comme c'était le cas autrefois, nous obtiendrons de l'aide.

Combien de fois avez-vous vu un parent finir par céder au caprice de son enfant, juste pour qu'il se calme ?

Pourtant, plus on avance dans la vie, moins cette stratégie fonctionne. Lorsqu'on devient adulte, il est de plus en plus difficile de trouver des personnes qui prennent soin de nous et auprès de qui nous pouvons nous plaindre avec l'espoir de changer les choses.

Quelle est donc l'alternative ? Que pouvez-vous faire ?

La première étape consiste à comprendre comment fonctionne votre cerveau et comment votre subconscient réagit face à un problème ou un obstacle. Remarquer que vous êtes en train de vous lamenter vous offre la possibilité de reprendre le contrôle de votre vie.

La deuxième étape est l'application de quelques prescriptions simples : quand vous vous rendez compte que vous commencez à vous plaindre, arrêtez-vous un instant et demandez-vous si vous voulez vraiment aller moins bien, car c'est ce qui vous arrivera une fois dissipée la brève satisfaction d'exprimer à voix haute votre mauvaise humeur.

Troisième étape : évitez soigneusement les personnes qui se plaignent et qui vous utilisent pour déverser sur vous leur propre insatisfaction. Ceux qui se lamentent finiront par vous contaminer avec leur pessimisme et leur négativité. Le dalaï-lama dit : « Si quelqu'un cherche un seau pour jeter ses immondices, fais en sorte que cela ne soit pas toi. » Donc si vous vous trouvez dans cette situation, interrompez gentiment vos interlocuteurs et fuyez l'exposé de leurs doléances.

Quatrième étape : agissez avant que les paroles ou les pensées négatives ne dominent votre esprit. Demandez-vous si vous êtes vous-même en mesure de résoudre ce qui ne vous convient pas et, si vous l'êtes, passez à l'action.

Cinquième étape : commencez à vous considérer comme une personne positive, créative, constructive, capable d'assumer ses propres responsabilités et de prendre en main son destin.

Je suis persuadé que si vous avez lu jusqu'au bout ce petit chapitre, et si vous le voulez vraiment, votre vie pourra commencer à changer, en mieux, dès à présent.

Si vous voulez vraiment sauver le monde

Si le but de votre vie est de sauver le monde, deux possibilités s'offrent à vous.

La première est de prendre le poids de toute la souffrance du monde sur vos épaules et de porter votre croix jusqu'au sommet d'une montagne infinie ; de lutter pour faire disparaître le malheur, les injustices et l'adversité ; et de renoncer à toute gratification ou cadeau que la vie peut vous offrir, parce que vous vous sentez coupable de tout ce qui vous arrive de bon.

La seconde, à l'inverse, consiste à danser au rythme de votre cœur, en acceptant l'invitation à l'étonnement et à l'émerveillement qu'offre le spectacle du monde qui vous entoure, en rendant hommage à votre véritable nature et en œuvrant hardiment à son accomplissement ; à rechercher la joie dans toutes les choses que vous entreprenez, à vous mettre entièrement à la disposition du projet divin et du but qu'il vous a réservé quand il vous a fait don de certains talents spécifiques.

Vous vous apercevrez que, si vous choisissez la deuxième option, le monde autour de vous ira enfin mieux !

Il fut un temps où vous souriiez quatre cents fois par jour

Des scientifiques ont récemment observé qu'un enfant qui ne parle pas encore sourit spontanément, en moyenne, quatre cents fois par jour, un adolescent, dix-sept fois et un adulte, presque jamais !

Dans la mesure où personne n'a envie de vivre dans un monde sans sourires, on peut légitimement se demander comment ils en viennent à disparaître peu à peu de nos visages.

Ma conviction est que nous désapprenons à sourire à mesure que nous apprenons à nous faire du souci. Je ne sais pas si c'est pareil pour vous, mais moi, je n'ai jamais vu quelqu'un sourire alors qu'il était préoccupé. Le souci et le sourire ne peuvent coexister.

Entendons-nous bien : il y a des soucis sains et utiles, qui durent le temps nécessaire à la prévention des problèmes ou à la planification des mesures à prendre face aux événements qui exigent de notre part réflexion et action.

Mais il existe un autre type de souci, qui est une espèce de réflexe conditionné et qui consiste à anticiper des événements possibles mais en réalité inexistants.

Avec le temps, ce type de souci crée une véritable dépendance, comme celle provoquée par la drogue, l'alcool ou les médicaments, qui ronge l'esprit de manière permanente et obsessionnelle. Et comme n'importe quelle dépendance, celle-ci demande à être alimentée.

Comment ? Tout simplement en inventant des motifs de préoccupation toujours nouveaux.

Naturellement, nous ne nous comportons pas ainsi par pur masochisme, ni sans raison précise. Si nous sommes de plus en plus soucieux, c'est que, à mesure que nous avançons dans la vie, nous faisons d'un côté des expériences agréables et gratifiantes, de l'autre de mauvaises expériences. La crainte que ces mauvaises expériences se produisent à nouveau, ainsi que le désir naturel d'y échapper nous conduisent de plus en plus souvent à nous *pré-occuper* de ce qui pourrait arriver dans l'avenir.

Or ce type de préoccupation nous met rarement à l'abri des malheurs. Car ce qui doit arriver arrive, quoi qu'il en soit.

Alors peut-on faire quelque chose pour sourire plus et s'inquiéter moins ? Je suis convaincu que oui, et heureusement, c'est beaucoup plus facile que d'arrêter de fumer ou de se droguer.

Il y a quelques années, le jour de mon anniversaire, je me suis réveillé en pensant : *Aujourd'hui, c'est mon anniversaire. Que vais-je m'offrir à moi-même ?* La réponse qui m'est venue, je ne sais d'où, a été : *Aujourd'hui, mon cadeau ce sera une journée entière sans soucis. Quoi qu'il arrive, même de négatif, je l'accueillerai, j'y ferai face, mais je ne me mettrai pas martel en tête.*

Et il en fut ainsi.

Le plus étonnant a été de découvrir que, une fois mon anniversaire passé, le « cadeau » que je m'étais fait durait le jour d'après, puis encore le jour suivant !

J'ai ainsi poursuivi, avec un succès raisonnable, l'objectif que je m'étais donné de ne pas gaspiller mon énergie avec des préoccupations inutiles. Ma manière d'affronter la vie y a beaucoup gagné.

Donc si nous voulons à nouveau sourire, peut-être pas quatre cents fois par jour mais au moins un peu plus que nous ne le faisons aujourd'hui, nous devons commencer par nous désintoxiquer du souci et de son engrenage infernal, nous libérer de son automatisme.

Pour ce faire, il faut d'abord être conscient de la présence du souci et ensuite admettre qu'il est parfaitement et totalement inutile.

Les enfants vivent et expriment leurs émotions librement. Ils ne les répriment pas et ne craignent pas d'être jugés. Ils rient, se mettent en colère, pleurent désespérément et, quand ils sont heureux, leur joie est telle qu'ils ne tiennent plus en place. Il y a peu de place dans leur vie pour les soucis.

Quand nous étions enfants, tout ce qui nous arrivait nous paraissait extraordinaire et merveilleux. La vie était une invitation permanente à la fête, au cirque, à un spectacle fantasmagorique d'événements, de sons et de lumières.

Aujourd'hui en revanche, non seulement nous nous faisons du souci sans raison, mais nous ne nous étonnons plus de rien. La nature accomplit chaque jour des miracles sous nos yeux, et nous ne nous en rendons même pas compte. Nous nous réveillons, nous respirons, notre cœur bat. Même si nous ne nous en apercevons pas, le miracle de la vie recommence chaque jour, sans exiger aucune contribution particulière de notre part.

N'est-ce pas déjà une raison suffisante pour sourire à nouveau ?

Bref, à condition de le vouloir, rien n'est perdu. Pas même notre sourire.

Il suffit que, à partir d'aujourd'hui, dès que nous nous sentons soucieux, nous prenions la ferme résolution de freiner le phénomène d'usure de notre esprit. Si nous apprenons à identifier les préoccupations inutiles et que nous cessons de les alimenter, nous libérerons et aurons à disposition une immense quantité d'énergie.

À l'aide de cette énergie, nous pourrons affronter les obstacles sérieux et réels !

Nous assumerons consciemment nos responsabilités et agirons plus concrètement que jamais dans le monde.

C'est grâce à cette énergie retrouvée que nous apprendrons à sourire à nouveau, comme nous le faisions autrefois !

Quatre cents fois…

Vous voulez changer votre vie ? Essayez rien qu'une journée

Rien qu'aujourd'hui, j'essaierai de vivre au jour le jour, sans chercher à résoudre tous les problèmes de ma vie en même temps.

Rien qu'aujourd'hui, je prendrai un soin extrême de mon apparence : je m'habillerai simplement, je ne hausserai pas la voix, j'aurai des manières courtoises, je ne critiquerai personne, je ne chercherai pas à corriger ou à rendre meilleur qui que ce soit, si ce n'est moi-même.

Rien qu'aujourd'hui, je serai heureux, certain d'être né pour connaître le bonheur non seulement dans l'autre monde, mais aussi dans celui-ci.

Rien qu'aujourd'hui, je m'adapterai aux circonstances, sans prétendre les plier à mes désirs.

Rien qu'aujourd'hui, je consacrerai dix minutes de mon temps à rester assis à écouter Dieu, en me rappelant que, de même que la nourriture est essentielle à la vie du corps, le silence et l'écoute sont nécessaires à la vie de l'âme.

Rien qu'aujourd'hui, j'accomplirai une bonne action et je n'en parlerai à personne.

Rien qu'aujourd'hui, j'établirai le programme de ma journée : peut-être ne le respecterai-je pas parfaitement, mais je le rédigerai. Et je me garderai de deux écueils : la hâte et l'indécision.

Rien qu'aujourd'hui, je saurai du plus profond de mon cœur que, malgré les apparences, l'existence prend soin de moi comme personne d'autre au monde.

Rien qu'aujourd'hui, je n'aurai aucune peur. Et surtout, je ne craindrai pas de jouir de ce qui est beau, ni de croire à l'Amour.

Je peux bien faire, rien que douze heures, ce qui m'effraierait si je pensais devoir le faire pendant toute ma vie.

Pape Jean XXIII

Vous êtes déjà tout

Parmi les nombreux tourments qui affectent les êtres humains au cours de leur vie, il en est un particulièrement insidieux et très utile à ceux qui sont fermement décidés à être les artisans de leur propre malheur.

Il s'agit d'un sentiment banal, récurrent et très répandu. Pour certaines personnes, c'est même une vraie pathologie invalidante, qui dévalue constamment les objectifs atteints et les innombrables raisons de se réjouir que la vie nous offre chaque jour.

Je parle ici de cet état d'âme qu'on nomme « insatisfaction ». Cela vous dit quelque chose ?

Bon, si vous avez la chance de ne pas du tout comprendre de quoi je parle, il vous suffira sans doute d'ouvrir les yeux et de regarder autour de vous : vous en trouverez des traces partout. Tout près, chez votre conjoint, un parent ou un ami. Plus loin aussi, si vous observez comme toute la société est perpétuellement à la recherche de nouveaux biens à acquérir, de nouveaux objectifs à atteindre ou de nouveaux partenaires à séduire.

Le poison de l'insatisfaction est tel que, lorsqu'il vous contamine, il affecte votre vie dans toutes ses dimensions : travail, couple, amis, famille, compte en banque.

Mais surtout il porte atteinte à votre identité même – et c'est là le plus grave – chaque fois que vous n'êtes pas satisfait de vous-même, que vous pensez que vous n'êtes pas assez bien, que vous êtes en surpoids, ou trop petit, que vous avez mauvais caractère, ou que vous n'avez pas suffisamment de qualités, de compétences, d'argent, de succès, d'amis, de notoriété, pour vous distinguer et réaliser vos rêves.

L'insatisfaction est l'un des instruments d'autosabotage les plus puissants et meurtriers dont l'être humain se soit doté. Naturellement, je ne parle pas ici de la part d'insatisfaction engendrée par des situations objectivement difficiles, et qui peut éventuellement donner l'impulsion nécessaire pour faire évoluer sa vie dans le bon sens, que ce soit sur le plan économique ou professionnel ou encore sur celui de la santé ou des rapports affectifs.

Non, je parle de ce sentiment qui, par sa seule présence, nous empêche d'estimer à sa juste valeur celui ou celle que nous sommes ou ce que nous avons réussi à construire dans notre vie, souvent au prix de nombreux sacrifices.

La bonne nouvelle, c'est que la thérapie qui vous permettra de venir à bout de cet état d'insatisfaction existe déjà dans votre logiciel. Il s'agit seulement d'aller chercher une certaine page du mode d'emploi que vous n'avez pas encore lue, ou alors parcourue trop rapidement. Sur cette page, il est écrit que votre insatisfaction, quel que soit son domaine d'application, révèle avant tout ceci : que, pour une raison ou pour une autre, ce n'est pas votre véritable projet de vie que vous êtes en train de réaliser.

Si vous vous trouvez dans cette situation, toutes vos réussites, toutes vos possessions, même les plus prestigieuses ou les plus enviables aux yeux de la société, sont fragiles, comme construites sur du sable. Si elles ne se fondent pas sur votre vraie nature, elles s'écroulent.

Dans votre vraie nature se trouve déjà tout ce que vous voulez et pouvez atteindre, et seul l'accomplissement de cette dernière peut vous offrir un bonheur et une satisfaction authentiques.

Si par exemple vous êtes une orange, alors votre tâche sera de produire du jus et de permettre aux autres de le boire et d'en profiter pleinement. À l'instant même où s'opère le transfert de cet excellent jus de vous au monde, vous aurez accompli la mission qui vous était assignée, sans effort particulier. Et dans votre vie il n'y aura plus de place pour l'insatisfaction.

Mais si en tant qu'orange vous voulez produire du jus de poire ou de myrtille, avec l'idée que cela pourrait plaire davantage ou que la demande en serait plus élevée, alors non seulement vous trahirez votre vocation, mais encore vous vous condamnerez à l'insatisfaction, sacrifiant votre vie à la vaine tentative de répondre aux attentes du monde au lieu de rester fidèle à votre vraie nature.

Troquez donc votre insatisfaction contre la conviction que tout ce que vous pouvez être, avoir ou devenir dans cette vie n'est pas hors, ou loin, de votre portée mais pour une grande part déjà en vous, dès votre naissance. Vous puiserez alors dans ce sentiment de plénitude pour mener à bien vos rêves et vos projets, plutôt que de chercher à être ou à avoir ce qui est à la mode.

Cela est primordial, dans la mesure où l'insatisfaction naît toujours d'un sentiment de manque ou d'incomplétude. Et ce qui vous manque ne se trouve pas dans le monde matériel, mais très précisément au centre de votre être, dont vous vous êtes peut-être éloigné.

Quand vous êtes insatisfait, ce qui vous manque, c'est vous.

Quand en revanche vous concentrez tous vos efforts à la recherche de qui vous êtes vraiment pour manifester ce qui vous appartient depuis toujours, un sentiment de satisfaction, de plénitude et même de bonheur s'empare de vous.

C'est juste une question de temps, et de lucidité.

Vous êtes ce que vous ressentez

« Haïr quelqu'un, c'est comme boire du poison en espérant qu'il meure. »

Ces propos de Gandhi ne sont pas seulement vrais sur un plan philosophique et moral. On sait désormais qu'ils le sont également, et plus que jamais, sur un plan physiologique. La recherche scientifique a en effet démontré combien nos émotions influençaient notre état physique et mental.

Par la production de certains neurotransmetteurs, chacune de nos émotions peut agir profondément et puissamment sur notre condition psychophysique, au point de nous transformer en ce que nous éprouvons !

En d'autres termes, étant donné les mécanismes qui régissent notre physiologie, quand je ressens de la colère envers quelqu'un ou quelque chose, je deviens moi-même la colère. Si j'éprouve de la rancune, je deviens la rancune. Si je conçois de la haine, je suis la haine !

Et ce que je suis a des effets non seulement sur ma physiologie, mais aussi sur mon environnement.

Imaginez des retrouvailles entre amis : allégresse, bons mots, rires et insouciance sont de mise. Tout à coup on sonne à la porte et arrive un retardataire. Il est furieux parce que la fourrière a embarqué sa voiture. L'ambiance change du tout au tout. Cette personne, même si elle s'abstient d'exprimer de manière explicite ce qu'elle ressent, en restant par exemple dans son coin à ruminer sa mésaventure, agira sur les émotions des autres, parce qu'à ce moment-là elle *sera* sa colère.

Tant que cette émotion demeurera inchangée, il sera presque impossible de revenir à la bonne humeur et à l'insouciance du début de soirée.

Il est essentiel de comprendre cela. Si nous parvenons à saisir comment nous *fonctionnons*, nous pourrons aussi réussir à *modifier* la relation entre nos émotions, nos pensées et notre corps.

Une plus grande lucidité nous permet d'agir de manière active et responsable face à ce qui nous arrive, plutôt que de rester passifs et de subir nos émotions. Avec un peu d'entraînement, nous pouvons acquérir une compréhension de plus en plus fine de ce qui se passe en nous quand nous éprouvons une émotion, et ainsi parvenir à contrôler la situation en modifiant intentionnellement notre état.

Une telle connaissance, ou clairvoyance, offre de nombreux avantages. Il suffit de se rappeler que tout ce que les émotions négatives suscitent en nous, les émotions agréables et positives le provoquent aussi.

Imaginez le regard d'une femme qui vient d'accoucher, au moment où elle tient pour la première fois dans ses bras la petite créature tant désirée ! Cette femme ne ressent pas de l'amour, de l'émerveillement ou de la gratitude. Cette femme *est* l'amour, l'émerveillement, la gratitude.

Nous savons que grâce à certains processus biochimiques spécifiques et désormais bien connus notre physiologie est influencée par des émotions positives et bénéfiques. Nous devenons même physiquement ces émotions.

Si j'éprouve de la confiance envers moi-même et envers les autres, je suis la confiance. Si je ressens de l'amour pour quelque chose ou quelqu'un, je suis l'amour. Mais pas seulement.

À un niveau très subtil, nos émotions ont une fréquence vibratoire précise. Dans la mesure où nous sommes tous plongés dans le même champ électromagnétique, mon état, ma condition physiologique, ma vibration influenceront puissamment mon environnement et les personnes qui entreront en contact avec moi, et *vice versa*.

C'est ce qui nous arrive quand nous sommes entourés de personnes enthousiastes, charismatiques et positives. Ou, plus encore, quand nous rencontrons une grande personnalité ou un grand maître. Ces personnes sont ce qu'elles ressentent et, par leur seule condition physique, émotionnelle et spirituelle, elles influent sur tout ce qui les entoure.

Chacun de nous peut faire de même en repérant ses propres émotions négatives et en choisissant délibérément de ne pas les alimenter. Et nous pouvons faire encore mieux en encourageant et en cultivant en nous-mêmes les émotions, pensées et convictions positives.

C'est ainsi que nous influerons sur notre physiologie et améliorerons notre santé. En devenant ce que nous éprouvons, nous agirons sur le monde qui nous entoure et les personnes que nous rencontrons, en créant un champ d'énergie positive hautement contagieux !

Écologie des mots

Je ne sais pas si vous l'avez déjà remarqué, mais les mots possèdent une force extraordinaire.

Un seul mot, prononcé n'importe où sur Terre, peut déclencher une guerre à des milliers de kilomètres de distance.

Un mot dit à un certain moment, entre deux frères, deux amants, deux amis, peut mettre un terme à une relation et avoir des effets pendant des années.

Les mots sont mystérieux et peut-être ne mesurons-nous pas encore tout à fait leur pouvoir. C'est pourquoi nous en faisons un usage souvent désinvolte et inconsidéré et que, la plupart du temps, nous n'imaginons même pas quelles conséquences ils peuvent avoir.

« Ce sont juste des mots », disons-nous, mais certains n'ont même pas besoin d'être prononcés : il suffit de les penser pour qu'ils nous percutent de plein fouet et influencent notre humeur et nos pensées pendant des heures voire des journées entières.

Un mot gentil a le pouvoir de vous faire fondre en larmes, de vous bouleverser ou de vous remplir de gratitude.

Un mot méchant a celui de vous blesser plus profondément qu'une lame ou un projectile, et d'empêcher que la plaie se referme jamais.

Un mot peut vous rendre malade ou même vous tuer, un autre, vous guérir et vous ramener à la vie.

Les mots ont une réalité puissante et efficace, indépendamment de leur signification : leur vibration produit une fréquence et une qualité données, crée des résonances et des dystonies qui précèdent le sens lui-même.

Certains mots ont été importants à une certaine époque, puis on les a oubliés. Des mots puissants capables d'exprimer de grandes choses. Des termes comme « miséricorde » ou « providence » nous parlent d'un temps où l'on ne pensait pas tout savoir, où l'on ne cherchait pas à contrôler la moindre chose et où l'on s'en remettait à une réalité supérieure que l'on ne savait pas exactement nommer.

Aujourd'hui, nous avons recours à des mots nouveaux : « Internet », « wifi », « réseau », « smartphone », « globalisation ». Ils nous accompagneront longtemps. Mais seuls ceux que votre mère murmurait pour vous consoler quand vous étiez triste, ou pour vous accompagner dans le sommeil auquel vous ne vouliez pas céder, résonneront toujours à vos oreilles avec une force extraordinaire.

Les mots sont importants. Ceux que nous pensons et ceux que nous disons. Mais aussi ceux que nous écoutons.

Le mot « merci » est merveilleux. Le mot « amour » est l'un des plus puissants. Le mot « oui » vous ouvre le cœur et élargit votre âme. Le mot « non » peut les fermer tous deux à jamais.

Certains mots prononcés par de grandes âmes produisent des effets incroyables et éternels.

Le mot choisi par Bouddha : « compassion » ; ou par Jésus : « pardon » ; le mot de Gandhi : « paix » et celui de Mère Teresa : « service ».

Les mots de Nelson Mandela : « égalité », et de Martin Luther King : « rêve ».

Le mot du pape Jean XXIII : « bonté ».

Ils sont encore là, tous ces mots, à la disposition de l'humanité entière. Ils ont toujours les mêmes effets.

Les mots sont magiques. Choisissez-les avec soin. Ceux que vous employez pour décrire votre réalité la façonnent ; ceux que vous utilisez pour vous définir vous-même dessinent les limites dans lesquelles vous vous enfermez.

Changez de mots, et vous changerez de vie.

Commencez par prendre conscience des mots que vous employez. Et décidez ensuite de ne prononcer que ceux qui vous font du bien, qui vous caressent, vous consolent, vous encouragent.

N'employez pas, n'écoutez pas les mots qui vous font du mal. Si vous en entendez ou en lisez qui ne vous plaisent pas, évitez-les. Ne les alimentez pas, n'en soyez pas complice, éloignez-vous-en, faites en sorte que la conversation s'oriente ailleurs, tourne au positif.

Pour prendre soin de nous-mêmes, de notre âme et même de notre santé, nous devons prendre soin de notre langage et de nos pensées.

Qui parle mal vit mal.

Nous devons créer une nouvelle *écologie* des mots. Retrouver des termes anciens et en inventer de nouveaux, si nécessaire.

Parce qu'un mot juste au moment opportun peut non seulement changer votre vie, mais aussi sauver le monde.

Nous sommes de la matière dont sont faits les rêves

Nombreux sont ceux qui se vantent d'être réalistes, concrets, rationnels. Si vous parlez de réalités immatérielles avec eux, ils vous répondent par un sourire.

Le fait est pourtant que la majeure partie des choses et des événements de notre vie est immatérielle et a une existence purement mentale.

De tout le temps que nous passons plongés dans nos pensées, dans un monologue intérieur incessant, il ressort en effet peu de choses dans le monde réel, et moins encore qui se rende visible à ceux qui nous entourent.

Il m'arrive de temps en temps de parler de soins intégratifs ou complémentaires avec des médecins allopathes. Ces soins, comme l'homéopathie ou la phytothérapie, se fondent essentiellement sur les valeurs énergétiques et sur les fréquences vibratoires des principes actifs qu'ils utilisent. Quand je décris à ces médecins les effets de ce type de soins et en souligne l'intérêt, je vois rapidement poindre sur leur visage ce petit sourire sceptique et suffisant. Mais je les comprends, ils ne croient que ce qu'ils voient : la réalité scientifique des données mesurables et répétables.

Mais si je leur demande de m'expliquer ce qu'est une simple pensée, quelle est sa couleur, combien elle pèse, quelle est son odeur, à quelle vitesse elle se déplace dans l'espace, où elle naît et quand elle meurt, ils ne savent que dire.

Que reste-t-il de leurs certitudes scientifiques, si on retire la pensée ?

Heureusement, la plupart de mes interlocuteurs savent bien que même le processus de guérison le plus élémentaire, celui d'un simple rhume par exemple, est conditionné par nos émotions et notre volonté d'en sortir, par la confiance que nous avons en notre médecin ou dans les médicaments que nous prenons.

Encore faut-il savoir ce que sont la confiance et la volonté, et de quoi l'on parle précisément.

Songez à la manière dont les émotions et les sentiments que vous ressentez peuvent orienter et même déterminer vos choix. Pensez à ce qui a pu susciter l'amour de votre mère à votre égard, votre enthousiasme pour tel projet ou telle rencontre à venir, ou vous conduire à aspirer à tel ou tel idéal.

Vous devrez alors convenir que tout ce que vous faites dans la vie, dans l'espace et le temps, toute la réalité matérielle que vous voyez et que vous vivez est fortement influencée par une réalité immatérielle qui est la source de tout.

Le monde qui nous entoure, les rues, les maisons, les voitures, Internet, les réseaux, les avions et même les satellites… tout cela, avant de devenir réel, a été rêvé par quelqu'un. Essayez de faire bon usage de ces connaissances nouvelles. Par exemple, en pensant à la vie et au futur que vous désirez et qui se réaliseront seulement si vous mobilisez ces forces invisibles que sont la confiance et l'optimisme.

De la même manière, les croyances négatives, les soucis, les peurs qui vous accompagnent toute la journée limiteront vos potentialités et la possibilité de vivre la vie que vous souhaitez.

Cultiver les croyances, les pensées et les émotions positives, aussi intangibles soient-elles, peut réellement vous offrir une vie plus belle, plus pleine et digne d'être vécue.

Chassez donc ces idées négatives qui occupent depuis trop longtemps votre esprit.

Au contraire, ayez davantage confiance en vous, et laissez libre cours à vos sentiments, vos émotions et, surtout, à vos rêves.

Parce que c'est précisément en agissant ainsi que vous augmenterez vos chances de les voir se réaliser.

La maison où nous sommes nés

S'il y a bien une chose que la psychanalyse et la psychothérapie des cent dernières années nous ont enseignée, c'est celle-ci : nous venons tous au monde dans des conditions imparfaites.

Parfois l'accueil est réussi ; parfois, et c'est plus fréquent, il ne l'est pas.

Nous arrivons dans une maison métaphorique plus ou moins accueillante, presque toujours en mauvais état, quelquefois même délabrée voire inhabitable à ce moment-là.

Généralement, durant la première partie de notre vie, nous ne sommes pas gênés par les courants d'air, les murs fissurés ou le toit qui laisse entrer la pluie. Nous sommes si pleins de vie, si innocents et authentiquement purs que tout nous paraît naturel. Nous ne sommes pas en mesure de percevoir ce que provoquent en nous les défauts de notre maison.

Non seulement nous n'avons pas de points de comparaison, mais surtout nous sommes encore poussés par une force quasiment invincible : celle de la vie, qui est le moteur de notre croissance. La vie elle-même nous apparaît comme un jeu, et le futur, comme un océan infini où tout est possible.

Et puis un jour nous sortons de la maison et commençons à comprendre que nous ne sommes pas tous égaux, que chacun porte en soi une différence, une spécificité. La comparaison avec autrui constitue la première véritable occasion de se connaître soi-même.

L'adolescence est le moment le plus difficile. Les conséquences des courants d'air, du manque de sécurité et de protection commencent à se faire sentir alors que notre identité, encore fragile, est en pleine construction.

Les autres, nos camarades, sont comme le miroir déformant dans lequel nous nous regardons et mesurons notre propre valeur. Ce miroir détermine également notre façon de réagir.

Et de deux choses l'une : soit nous nous sentons, à l'image de notre maison, un peu fragiles, abîmés, incomplets ; soit, au contraire, nous la repoussons et nous en inventons une autre, sur mesure, plus belle et plus fonctionnelle mais totalement imaginaire.

Enfin arrive le moment où, devenus adultes, nous devons choisir. Il est impossible d'oublier d'où l'on vient, mais s'identifier aux manques dont on a souffert n'est pas une solution.

On peut choisir de vivre dans la rancœur et exiger, à l'infini, des réparations pour les blessures et les insultes reçues, ou pour ce qui ne nous a pas été donné. Chercher la rédemption ou la vengeance pour nos besoins trahis. Acquérir toujours plus de force et de pouvoir. Construire de nouvelles maisons, fortifiées, hermétiques à la douleur, aux émotions et aux souvenirs, des maisons inexpugnables.

Mais ces choix se révèlent peu efficaces et toujours plus coûteux à mesure que le temps passe. Ils ne nous rendent heureux que quelques instants.

Leurs conséquences sur notre vie et sur celle de nos proches sont presque toujours extrêmement douloureuses. En dépit de nos succès, nous éprouvons une insatisfaction croissante. Le malheur et la solitude nous guettent tout au long du chemin et plus sûrement encore en fin de parcours.

On peut, si on le souhaite, suivre une autre voie. Une meilleure solution existe. Au lieu d'oublier, ou d'aller le plus loin possible, essayons de revenir un peu sur nos pas, essayons de mieux connaître cette vieille maison où nous avons vu le jour.

Revenir en arrière est souvent douloureux mais très instructif : on découvre ainsi, presque toujours, que ce qui, dans nos souvenirs, paraissait gigantesque est en réalité, maintenant que nous avons grandi, beaucoup plus petit. Ce qui nous semblait terrible peut, en fait, être affronté sans mal.

C'est alors que nous prenons conscience de notre force et des ressources qui sont les nôtres. Nous apprenons une vérité incontestable sur nous-mêmes : nous avons résisté à toutes les intempéries. Il devient également évident que la plupart de nos qualités actuelles résultent précisément des défauts et insuffisances de cette maison.

Essayons donc de mieux connaître cette maison, de comprendre pourquoi elle était à ce point délabrée. Peut-être en arriverons-nous à reconnaître que, malgré tous ses problèmes, elle nous a tout de même offert un abri, qu'elle nous appartient et qu'elle peut encore nous accueillir chaque fois que nous en avons besoin.

On peut aussi l'aimer un peu et commencer patiemment à corriger les défauts qu'on y a trouvés et qui avaient fini par nous atteindre. En faisant ces travaux, c'est notre créativité que nous découvrons. Et une fois que nous aurons pris la mesure de notre capacité à réparer les choses, qui est infinie, plus rien ne pourra nous effrayer.

Nous serons alors capables de construire notre future maison, qui rappellera un peu celle qui nous a accueillis et dans laquelle nous avons grandi, mais qui aura moins de problèmes. Elle ne sera sans doute pas parfaite, mais elle nous ressemblera un peu.

Cette nouvelle maison nous plaira vraiment. Nous aimerons tout particulièrement la manière dont nous aurons su l'édifier et la meubler : elle sera lumineuse, spacieuse et accueillante. Prête à montrer ce qu'il y a de meilleur en nous, à s'ouvrir à ceux qui souhaitent y entrer et à les héberger.

Parce que cette maison, ce sera nous. Vraiment.

Nos malheurs ont du sens

Programmer et tenter de contrôler notre avenir et celui des personnes que nous aimons ne sert à rien d'autre qu'à calmer nos angoisses. Cela n'aura assurément aucun effet sur les revers de fortune qui nous attendent.

Nous ne réfléchissons jamais assez sur le sens ou la fonction des épreuves traversées.

En général nous nous bornons à réagir instinctivement, en nous posant en victimes, ou en laissant éclater, furieux, notre colère contre un destin contraire, injuste et cruel. Mais cela ne fait qu'augmenter le prix à payer.

Je préfère penser que même ce qui m'arrive de mauvais dans la vie n'est pas le résultat d'une simple contingence, mais est plutôt, suivant une trame opaque et indéchiffrable, lié à moi-même. Et je ne pense pas que cela arrive par hasard, à ce moment-là plutôt qu'à un autre, seulement pour me punir.

Aussi terribles qu'elles aient été, ces épreuves m'ont permis de remettre d'aplomb des choses qui n'allaient pas bien dans ma vie ; elles m'ont amené à rectifier des attitudes, des idées, des croyances.

Par les bouleversements qu'elles ont provoqués et les décisions importantes qu'elles m'ont conduit à prendre, elles m'ont poussé à sortir d'un schéma de pensée devenu trop étroit et ont fait évoluer ma vie, mais aussi celle de mes proches, pour le meilleur.

J'aime à penser que, bien que ces événements m'aient fait souffrir, ils répondaient à un dessein précis et n'étaient pas le seul fruit du hasard : je n'ai pas été tiré au sort parmi des milliers d'autres numéros. J'aime à croire qu'ils contenaient un message important à recueillir, qui exigeait, pour être compris, ma participation la plus profonde et la plus sensible.

Il me paraît plus utile de penser que c'est pour mon bien, et non pour mon malheur, qu'ils se sont produits.

Si cette conviction se révèle efficace en cas de problèmes mineurs, c'est moins évident quand il s'agit de profonds traumatismes, comme des maladies graves ou des deuils. Je conçois parfaitement que tomber malade ou perdre une personne que l'on aime ne laisse guère de place à ce type de raisonnement.

Pourtant, force est de reconnaître que ces événements sont inévitables. Et il est tout aussi indéniable que si certains ne parviennent pas à surmonter ces épreuves, c'est parce qu'ils échouent à leur trouver du sens. D'autres en revanche font l'expérience, précisément dans ces moments difficiles, d'une transformation profonde, presque toujours de nature spirituelle. C'est l'occasion pour eux de découvrir, souvent pour la première fois, ce qu'il y a de meilleur en eux et dans leur vie.

Ils ont le sentiment d'être meilleurs parce qu'ils ont su affronter la douleur et le malheur, en comprendre la signification et les accepter comme faisant partie intégrante de l'expérience humaine.

Les trois conditions du bonheur

Au cours de mes voyages en Afrique, il m'arrivait de traverser en jeep de longues étendues ensoleillées, luxuriantes et désertes. Tout à coup, je voyais apparaître au loin quelques huttes de paille, boue et tôle et, immédiatement après, surgir des groupes d'enfants de tous les âges, sales et à moitié nus, attirés par le passage du véhicule : ils couraient à notre rencontre, nous accueillant avec des éclats de rire et des saluts joyeux.

De temps en temps, nous croisions, bien habillés dans leurs uniformes scolaires, des groupes d'adolescents revenant d'écoles parfois très éloignées. Eux aussi nous adressaient des sourires hospitaliers, tout en plaisantant entre eux et manifestant une joie palpable.

Ces rencontres ne manquaient jamais de me surprendre et de m'interroger. Comment un tel bonheur, un tel enthousiasme, une joie aussi irrépressible étaient-ils possibles dans des lieux aussi pauvres, dégradés et démoralisants ?

Mes pensées s'envolaient vers nos maisons confortables, dans lesquelles plus personne ne s'étonne d'obtenir de la lumière en appuyant sur un interrupteur ou de l'eau potable en ouvrant un robinet, de trouver de la nourriture dans le réfrigérateur et sur la table, d'être au chaud l'hiver et d'avoir de la fraîcheur l'été.

Personne ne s'étonne d'avoir des vêtements, une voiture, un téléphone, un téléviseur, un ordinateur, une machine à laver, un réfrigérateur et un lave-vaisselle.

Je me demandais pourquoi plus rien ne nous surprend. Je pensais aux visages des gens rencontrés dans la rue, y compris des enfants, à Rome, New York, Paris ou Londres. Des visages fermés, tendus, préoccupés, furieux, tristes, déprimés ou hallucinés.

Comment expliquer un tel paradoxe ?

Comment se fait-il que, parfois, bien que n'ayant rien, on réussit à être heureux tandis qu'en ayant tout, et bien plus que ce dont on a réellement besoin, on soit au contraire insatisfait, déprimé, malheureux, incapable d'éprouver le moindre sentiment d'émerveillement ou de gratitude ?

De retour chez moi, j'ai souvent repensé à ces enfants africains et j'ai finalement compris que, en dépit de leurs conditions de vie difficiles et parfois tragiques, il y a dans leur existence, et dans celle de leur communauté, au moins trois dispositions que les sociétés plus riches et développées ont vu reculer, voire disparaître :

Le sentiment d'appartenance, la volonté de partage, la capacité à faire don de soi.

Pour eux, le bonheur se fonde principalement sur la satisfaction des besoins essentiels et naturels de l'espèce humaine, qui sont étroitement liés à la nécessité de survivre.

D'abord ces enfants ont le sentiment d'appartenir pleinement à leur communauté, leur village, leur tribu, leur nation. Ils partagent des rites, des traditions, des croyances et des formes de spiritualité. Ils ne doutent aucunement de ces valeurs, dont ils ont besoin pour grandir et structurer leur identité.

En est-il de même pour nous ?

Ensuite, non seulement ces enfants partagent avec les autres la même condition existentielle, mais en plus le peu qu'ils ont appartient à tous : la nourriture, l'eau, le feu, la récolte. Et même les parents. Dans de nombreux villages africains, les enfants d'une même tribu appellent « maman » toutes les femmes adultes de leur communauté, indépendamment des liens biologiques. Tout est partagé : les émotions, les sentiments, les espoirs et les peurs de chacun concernent tout le monde. Personne ne s'approprie rien, ni ne prive les autres de quoi que ce soit.

Faisons-nous de même ?

Enfin, pour ces enfants, il est naturel d'accomplir à tour de rôle les tâches indispensables, d'aider sa famille et son village, en allant chercher l'eau ou le bois qui se trouvent à des kilomètres, en soulageant les plus âgés ou les malades, ne serait-ce qu'en leur tenant compagnie, en offrant leur temps et leurs compétences aux autres quand ils en ont besoin, et tout cela sans même se demander s'ils ont envie de le faire ou non. C'est la dernière disposition : la capacité à servir sa communauté.

Et nous ? Envisageons-nous les choses ainsi ? Nous comportons-nous de cette manière ? Non, et depuis longtemps maintenant.

Cela fait plus de trente ans que j'observe les êtres humains, et j'ai été frappé par la simplicité de cette recette du bonheur, si naturelle. Ces trois dispositions sont nécessaires, je dirais même indispensables, à tout être humain.

Nous avons été créés et conçus avec ces besoins, qui répondent également intelligemment aux lois de survie et de conservation de notre espèce. Quand une seule de ces conditions n'est pas remplie, nous vivons en contradiction avec notre vraie nature.

Et nous tombons malades.

D'abord d'insatisfaction, puis d'une infinité de maux, physiques et psychologiques, que nous essayons de guérir avec des médicaments, des drogues, des manipulations mentales, ou la possession. Tout cela pour ne pas souffrir, pour ne pas avoir peur ni nous sentir seuls !

Mais si nous voulons vraiment guérir et essayer d'être heureux, ici et maintenant, nous ne pouvons pas nous contenter des médecins, des hôpitaux, des prêtres et des psychologues. Nous devons plutôt analyser notre vie à la lumière de ces trois éléments : *appartenance, partage, service.*

Demandons-nous honnêtement ce qui nous manque. Il est encore temps d'apprendre de nouveau ce que nous savions et que nous avons oublié.

Il est encore temps de découvrir que, si nous le voulons, nous pouvons réparer nos erreurs et recréer les conditions nécessaires à une vie infiniment meilleure.

La paix intérieure

Il était une fois un marin pris dans une tempête. Après avoir lutté plusieurs heures pour maintenir le cap, il s'aperçut qu'il était bel et bien perdu et se résigna au naufrage. Il voulut cependant, avant de mourir, trouver la paix intérieure. Il se remémora les enseignements de son vieux maître, qu'il pensait avoir oubliés après tant de voyages. Il ferma les yeux et, ignorant le fracas des éléments déchaînés, se mit à respirer calmement et à méditer.

Il passa en revue tous les événements de sa vie et se rappela l'amour reçu, les moments d'insouciance entre amis, la sérénité des heures écoulées au contact de la nature, les soins que lui-même avait prodigués à autrui. Sourire aux lèvres, il ne ressentait plus la violence du vent et des vagues qui secouaient son bateau de plus belle.

Alors qu'il s'ouvrait, par ces pensées, à une sensation de plénitude silencieuse, l'homme découvrit qu'il n'avait jamais connu une telle sérénité ni une telle satisfaction. Il se sentit prêt à mourir.

À cet instant précis, la tempête sembla répondre à la paix de son cœur et soudainement se calma.

Je vous raconte cette fable pour vous faire comprendre comment le monde que nous voyons et qui nous apparaît comme réel est toujours influencé par notre état mental.

Quand nous sommes agités, le monde qui nous entoure semble être lui aussi en proie à cette même agitation. Quand nous perdons confiance et que nous cédons au pessimisme, nous ne nous intéressons plus qu'aux événements ou aux nouvelles qui confortent cet état d'esprit. N'ai-je pas raison ?

Nous projetons inconsciemment sur l'écran du monde les conflits et les états d'âme qui occupent notre esprit. Nous finissons par percevoir le monde lui-même comme tumultueux et agressif, et par nous sentir continuellement menacés et obligés de nous défendre.

Quand nous regardons le monde avec une âme sereine et un esprit en paix, tout nous semble différent et nous nous sentons capables d'affronter tous les dangers et toutes les épreuves.

Certains pensent même que les guerres pourraient cesser et que la paix dans le monde serait possible si les hommes recherchaient avant tout la paix intérieure.

On demanda un jour à un moine tibétain qui avait survécu à plusieurs années de prison et de torture sous le régime militaire birman si, de tous les moments terribles qu'il avait traversés durant sa détention, il y en avait un qui l'avait davantage marqué que les autres.

« Oh, oui ! répondit-il. Il y a eu un moment où j'ai craint de perdre la paix de l'esprit. »

Pourquoi nous tombons malades et comment nous pouvons guérir

Tout ce que nous mangeons, buvons, respirons, tout ce qui entre en contact avec notre corps nous fournit chaque jour *à la fois* des apports et des toxines, qui ont des effets directs sur le bon fonctionnement de notre organisme et sur notre état de santé en général.

Dans des conditions de fonctionnement optimales, notre corps absorbe les apports et élimine les toxines. Notre système immunitaire est capable de faire le tri, parmi les milliards de micro-organismes vivants, entre ceux avec lesquels il est possible de cohabiter et ceux qui sont potentiellement dangereux.

Dans la mesure où, dans notre vie, les échanges biochimiques avec le monde environnant sont constants, notre état de santé est déterminé par notre capacité à distinguer ce qui est utile de ce qui est nuisible.

Si nous en convenons assez volontiers quand il s'agit de notre corps *physique*, il semble que nous soyons moins disposés à croire qu'il en aille de même avec ce type particulier d'apports et de toxines *intangibles* et *immatériels* que contiennent chaque environnement, chaque relation ou chaque expérience de vie.

Notre vie relationnelle est la première source de joie et de frustrations à laquelle l'organisme est confronté, et il en va de même pour tout ce que *produisent* notre monde psychique et notre vie intérieure.

Les pensées qui naissent dans notre esprit, provoquées tantôt par des événements extérieurs, tantôt par des sentiments, des désirs ou des souvenirs, peuvent nous nourrir comme un repas sain et équilibré, ou nous intoxiquer comme un yaourt périmé.

Il a été prouvé que toute émotion négative, tout conflit intérieur ou toute situation stressante sont en mesure de provoquer des réponses hormonales, qui stimulent la production de cortisol, adrénaline et autres hormones potentiellement toxiques et difficiles à éliminer. Celles-ci, produites par un phénomène mental abstrait comme une pensée ou une émotion, activent à leur tour immédiatement le système endocrinien et modifient même parfois la composition chimique du sang.

Voilà comment un état purement mental et intangible comme la dépression peut affaiblir notre système immunitaire et rendre notre organisme incapable de lutter contre les milliards de bactéries et de virus avec lesquels nous vivons tous les jours, ou contre une prolifération cellulaire indifférenciée.

Quelles leçons tirer de la découverte de l'existence de ces toxines et apports *immatériels* ?

D'abord il faut prendre soin de soi d'une manière complètement nouvelle : non plus seulement en soignant les symptômes et les déséquilibres quand ils sont déjà apparus, mais en mettant en œuvre un genre de prévention particulièrement puissant et perfectionné.

De la même façon que nous devons davantage veiller à manger de manière saine et équilibrée, à nous hydrater correctement, à pratiquer modérément mais régulièrement une activité physique, à respecter les rythmes circadiens qui harmonisent les cycles de veille et de sommeil, nous devons être plus attentifs aux aspects immatériels de notre vie comme les émotions, les pensées, les conflits, les sentiments. Parce qu'ils génèrent certaines réponses biochimiques dans notre organisme, ces éléments ont un impact très important et trop souvent sous-estimé sur notre équilibre et notre santé.

Intégrer ce paramètre dans votre recherche de santé et de bien-être peut améliorer de façon notable la qualité de votre vie et de vos relations avec les autres. Reste à voir comment y parvenir.

Évitez autant que possible les environnements et les personnes qui ont un effet nocif sur vous ; limitez l'exposition aux mauvaises nouvelles diffusées par les médias ; soyez à l'écoute de votre propre nature plutôt que de vouloir répondre aux attentes des autres ; ne vous laissez pas entraîner dans des conflits ou des pensées négatives ; choisissez bien les mots que vous pensez et ceux que vous prononcez ; accordez plus de temps à vos amis et aux personnes qui comptent pour vous ; améliorez la qualité de vos pensées ; retrouvez confiance en vous et en l'avenir ; débarrassez-vous de la rancœur et des mauvaises expériences du passé ; laissez plus souvent libre cours à des états d'âme et à des émotions positifs comme l'amour, la compassion, le pardon, la gratitude ; laissez-vous inspirer et guider par des personnes que vous admirez ; faites une place au jeu et à des activités de loisir qui ne sont pas destinées à vous faire gagner quoi que ce soit ; prenez soin de quelqu'un qui en a véritablement besoin et pour qui vous jouerez un rôle essentiel ; donnez à votre désir de spiritualité la possibilité de s'exprimer par la prière ou la méditation.

Ainsi, non seulement vous deviendrez une personne meilleure, mais vous pourrez éviter que les toxines immatérielles, que vous ne pouvez identifier mais avec lesquelles vous êtes quotidiennement en contact, finissent par se manifester dans votre corps, provoquant déséquilibre et maladie.

Si vous êtes malade, une telle pratique pourra vous aider à guérir plus rapidement, en augmentant votre niveau énergétique, en désintoxiquant votre corps *et* votre esprit, en favorisant l'épanouissement d'émotions et de relations positives et fortifiantes qui contribueront à accélérer et consolider le processus de guérison.

Le bien a toujours une longueur d'avance

Si l'on songe aux tragédies et aux horreurs qui se succèdent aux quatre coins du monde, il est facile de sombrer dans le désespoir et de penser que l'humanité a touché le fond.

Cette réaction est tout à fait naturelle : l'exposition à des faits traumatiques et humainement inacceptables ne peut que générer des émotions négatives. La violence catalyse l'attention des médias qui, parce qu'ils y trouvent intérêt et profit, déversent dans nos foyers des informations le plus souvent biaisées qui nous persuadent, à tort, que le monde est un endroit horrible où vivre.

En dépit de toutes les atrocités qui s'y produisent, nous ne devons cependant pas perdre confiance dans le bien. Nous ne devons pas nous arrêter à nos premières réactions, instinctives, qui faussent notre perception des faits – surtout si on compare la quantité totale de bien à la quantité totale de mal à l'échelle de la planète et de nos vies.

Si l'on observe les données démographiques par exemple, on se rend compte que la réalité est bien différente de celle que nous décrivent les médias ou les économistes : des milliards d'êtres humains, en ce moment précis, vivent en paix. Les pays en guerre ne représentent qu'une minorité.

Si la mort de la moindre victime d'un acte terroriste doit susciter en nous l'indignation la plus profonde, nous ne pouvons négliger le fait qu'il est beaucoup plus probable de perdre la vie ou de se blesser gravement à la suite d'un accident domestique qu'à la suite de la rencontre avec un terroriste ou de l'explosion d'une bombe.

Rétablir la paix où il y a la guerre, rééquilibrer les rapports sociaux, économiques, politiques et religieux est la tâche des institutions et des organismes sociaux que nous avons collectivement créés à mesure que nous avancions sur le chemin de la civilisation et du progrès. Mais sur le plan individuel, chacun a son rôle à jouer en contribuant au bien et au beau – qui cohabitent avec le mal et l'horreur, en proportion toutefois nettement supérieure.

Nous devons garder en tête tout ce que l'humanité a réussi à réaliser de positif et de créatif et ce qu'elle continuera à inventer, en recherchant des solutions et des conditions de vie meilleures pour tous.

C'est notre attitude face aux épreuves qui détermine notre capacité à les dépasser ou au contraire à capituler. Nous savons aujourd'hui que nos émotions et nos vibrations les plus subtiles influencent le système entier ; nos pensées peuvent être porteuses d'espoir ou de désespoir, de confiance ou de scepticisme, de volonté ou d'indifférence.

Nous avons le devoir d'élever notre niveau de perception, de conscience et de connaissance, en interagissant avec le monde de manière rationnelle, réparatrice et constructive, sans ajouter de mal au mal, de guerre à la guerre, d'horreur à l'horreur.

Bref, nous devons augmenter notre niveau énergétique personnel en produisant des pensées et des émotions positives : l'amour, l'espoir, la confiance, la générosité, la clairvoyance, la gratitude.

L'histoire de l'humanité nous enseigne que, depuis que l'homme est apparu sur Terre, le bien et le mal ont toujours existé comme deux forces contraires et inséparables. La lutte qui les oppose est un phénomène dynamique qui crée l'énergie dont l'Univers a impérativement besoin pour vivre, fonctionner, évoluer.

Cependant, même dans cette opposition, le positif semble avoir toujours un léger avantage. Des chercheurs en physique quantique ont même récemment émis l'hypothèse que cet infinitésimal différentiel positif pourrait être présent dans les particules subatomiques.

Cela expliquerait pourquoi l'Univers est en constante évolution et se caractérise par la croissance et l'expansion, plutôt que la stagnation ou l'implosion.

Nous ne savons pas encore si nous atteindrons un jour un niveau de conscience plus élevé nous permettant de dépasser cette opposition et d'accéder à une nouvelle étape de notre évolution. Pour le moment, il semble que nous ayons encore besoin de démêler les polarités négative et positive, d'utiliser le mal et les éléments négatifs pour créer des réactions de signe opposé, nous ressaisir, faire des choix, agir et pouvoir même nous sentir du bon côté – en restant conscients qu'à la fin le bien aura toujours une longueur d'avance.

La soif de contrôle

Je suis prêt à parier que rien ne vous rassure davantage qu'avoir le contrôle. D'ailleurs, n'êtes-vous pas la personne au monde en qui vous avez le plus confiance ?

Il est dommage que nous soyons presque tous incapables de limiter notre besoin de contrôle au strict nécessaire pour gérer notre vie, nos relations et notre travail, mais prétendions absolument tout maîtriser.

Ce comportement compulsif est l'un des principaux obstacles au bien-être et au bonheur, dans la mesure où nous finissons par exiger l'impossible de nous-mêmes et des autres, et où, au lieu de demander de l'aide, nous nous isolons. Il est en outre fréquent que notre manque de flexibilité nous rende antipathiques aux yeux d'autrui.

Les personnes qui vivent dans l'hypercontrôle sont par ailleurs souvent très perfectionnistes ; elles acceptent mal leurs faiblesses et en viennent à gâcher leur vie et celle de ceux qui les entourent.

Comme toujours, la première étape pour guérir de cette pathologie consiste à mieux la connaître.

L'hypercontrôle n'est rien d'autre qu'une stratégie de défense contre la peur que nous avons d'être à la merci des événements, surtout de ceux que nous redoutons : nous craignons de tomber malades, d'échouer, de perdre l'estime et l'affection de ceux que l'on aime ou qu'il leur arrive malheur.

Ne pas avoir le contrôle nous donne l'impression d'être exposés, vulnérables.

Il peut alors être utile de savoir que les peurs ne sont que le résultat de ce que nous avons *appris*. Nous ne sommes pas nés peureux. À un certain moment de notre vie, un épisode malheureux est arrivé, à nous ou à quelqu'un d'autre, et l'émotion négative que nous avons ressentie a été enregistrée et emmagasinée par notre organisme.

À la suite de ces expériences, nous avons *appris* certaines choses, qui ont généré des automatismes de pensée. Se déclenchant à notre insu, ceux-ci sont devenus partie intégrante de notre personnalité.

Malheureusement, nous ne pouvons contrôler qu'une infime partie de notre vie, et plus tôt nous le comprenons, mieux c'est, non seulement pour maximiser nos chances d'être heureux, mais aussi pour notre santé même. En effet, l'hypercontrôle est l'une des principales sources de stress qui intoxique notre existence et notre organisme.

Essayons donc de nous familiariser avec l'idée selon laquelle, dans la nature comme dans la vie, certaines forces échappent totalement à notre volonté. Des forces puissantes, vitales et autonomes, qui ne tiennent absolument pas compte de nos décisions mais qui ne sont pas pour autant nécessairement mauvaises ni dirigées contre nous.

Vous voulez un exemple concret ?

Essayez d'arrêter de respirer. Essayez maintenant. Vous y parviendrez quelques secondes, peut-être même quelques minutes si vous avez de l'entraînement, mais il arrivera un moment où une force irrésistible vous ordonnera : « Respire ! » Et vous ne pourrez qu'obéir.

C'est cette même force qui, hors de tout contrôle de votre part, fait battre votre cœur et circuler le sang dans vos veines.

Quelle que soit votre capacité à résister au sommeil, tôt ou tard vous finirez par céder, ne serait-ce que pour quelques heures. Et qui prend soin de vous pendant que vous dormez et vous permet de vous réveiller le matin ?

Si vous avez perçu ne serait-ce qu'une infime part de ce qui, dans la vie, ne dépend pas de vous et que vous avez senti la présence de cette étrange force qui veut vous maintenir vivant, alors vous avez trouvé un nouvel allié auquel vous pouvez faire entièrement confiance – et à raison.

Cette force universelle ne vous demande pas si vous voulez ou non lui appartenir, vous en remettre à elle, si vous voulez ou non respirer, vivre ou mourir : elle agit à chaque instant avec une puissance qui vous rappelle à quel point votre capacité à maîtriser votre moi est modeste.

Vous lui appartenez et, à partir du moment où vous l'admettez, vous pouvez lâcher prise en toute confiance, vous décharger d'une bonne part des responsabilités qu'à tort vous vous attribuez.

Si cela vous semble envisageable, c'est que vous êtes prêt à franchir la dernière étape, la plus importante.

Vous êtes cette force. Il n'y a pas de différence entre elle et vous, vous êtes indissociables l'un de l'autre. Ce qui vous tient en vie et vous-même êtes une seule et même chose. Les nécessités et les besoins de votre esprit et de votre moi ne sont qu'un élément parmi ceux d'un ensemble plus vaste, un élément si petit que l'Univers ne le perçoit même pas.

Continuez à mener votre vie, à vous occuper de manière responsable de vous-même, des personnes que vous aimez et du monde qui vous entoure, continuez à faire des projets et, si vous pouvez, à développer votre capacité à rendre meilleures non seulement votre vie mais aussi celle des autres. Mais ne gaspillez pas votre précieuse énergie en croyant, à tort, que vous êtes l'unique architecte de votre vie.

Libérez-vous surtout de l'idée que vous êtes seul responsable et que, si vous lâchez prise un seul instant, le monde s'écroulera et vous emportera dans sa chute.

Retrouvez cette capacité que vous aviez de vous abandonner au sommeil dans les bras de votre mère, mais cette fois-ci en restant éveillé. Soyez à nouveau certain de n'être pas seul au monde.

Des forces mystérieuses créent des miracles pour vous aussi, à chaque pas. C'est seulement en vous défaisant de votre soif de contrôle que vous pourrez voir ces miracles et en faire, avec gratitude, vos principaux alliés dans la vie.

Laissez la vie faire son travail, laissez-la travailler aussi pour vous.

Entrez, consciemment, dans la danse.

Vous êtes à la fois le danseur et la musique.

Naître vraiment

Vous êtes-vous jamais demandé ce que naître signifie ?

Je distingue pour ma part deux moments : le premier est celui de votre naissance biologique, votre venue au monde, qui advient au terme d'un processus de gestation long de neuf mois. Si l'on y songe, c'est déjà un fait extraordinaire en soi, dans la mesure où, si l'on raisonne en termes de probabilités, seul un spermatozoïde sur des milliards peut féconder un ovule. Et même après ce moment miraculeux, les risques que le processus s'interrompe en raison d'un problème quelconque sont élevés.

Donc, le fait même que vous soyez ici à lire cette page est déjà, en soi, un miracle.

La deuxième naissance a lieu bien longtemps après : quand, après un second processus de gestation qui peut durer toute la vie, vous réalisez pleinement vos potentialités et réussissez à montrer aux autres qui vous êtes vraiment.

Naître une deuxième fois signifie faire entendre votre voix, par-delà tous les obstacles et conditionnements que la vie vous impose.

Cette deuxième naissance ne peut pas compter sur les automatismes de la première, mais requiert votre participation active et consciente et, surtout, la ferme décision de dépasser la peur d'être soi-même, en supprimant, quel qu'en soit le prix, tout ce qui s'interpose entre vous et votre projet de vie.

Vous savez aussi bien que moi que la plupart des gens choisissent de ne prendre aucune décision concernant leur vie et ne tentent même pas de naître pleinement, troquant leurs identité et talents contre les miettes d'attention que leur accorde autrui.

Le fait que vous ayez ce livre entre les mains me donne à penser que vous n'êtes pas de ceux qui renoncent, et qu'il existe en vous un besoin sincère de connaissance, lié au désir d'évoluer et de dépasser vos limites.

Vous aurez désormais compris que, pour que cela se produise, il faut surmonter non seulement de nombreux obstacles extérieurs, mais aussi et surtout des obstacles intérieurs, pas toujours faciles à cerner, mais qui contribuent de manière décisive à vous empêcher de réaliser qui vous êtes vraiment.

Les peurs, les préjugés, les croyances limitantes que vous avez accumulés sont autant de barrières à franchir. Les idées négatives, souvent inconscientes, se manifestent par des symptômes physiques ou psychologiques, des formes de frustrations ponctuelles ou au contraire un sentiment d'insatisfaction permanent. Vous devez donc tenter de repérer le vrai problème, découvrir où il se cache ; à partir de là, vous verrez se dessiner la route à suivre pour renaître complètement, et il vous sera facile de l'emprunter.

Les voies qui mènent au bonheur sont nombreuses. Je suis certain que vous ne voudrez pas vous résigner à seulement survivre, alors que vous savez que vous pouvez renaître pour vivre, cette fois, pleinement.

La cuillère qui avait un manche trop long

Un jour, un saint homme s'adressa à Dieu en ces termes : « Seigneur, j'aimerais savoir à quoi ressemblent le paradis et l'enfer. »

Dieu le conduisit devant deux portes, en ouvrit une et autorisa l'homme à regarder.

Il vit une table ronde, immense. Au centre de la table, un grand plat contenant des mets au parfum délicieux.

Le saint homme en eut l'eau à la bouche.

Les personnes assises autour de la table étaient maigres, d'aspect livide et malade. Elles semblaient toutes affamées. Des cuillères aux manches extrêmement longs étaient attachées à leurs mains. Chacun pouvait atteindre le plat et prendre un peu de nourriture, mais comme le manche de la cuillère était plus long que leur bras, personne ne pouvait approcher la nourriture de sa bouche.

Le saint homme trembla à la vue de cette misère et de ces souffrances.

Dieu dit : « Tu viens de voir l'enfer. » Puis il alla avec l'homme jusqu'à la deuxième porte et l'ouvrit.

La scène que l'homme avait sous les yeux était identique à la précédente : la grande table ronde, le plat qui mettait l'eau à la bouche, les convives qui avaient, eux aussi, des cuillères aux manches trop longs.

Cette fois pourtant, ils étaient bien portants, semblaient heureux et conversaient en souriant.

Le saint homme dit à Dieu : « Je ne comprends pas ! »

« C'est simple, répondit Dieu. Ils ont compris que le manche de la cuillère ne leur permettait pas de prendre de la nourriture pour eux-mêmes, mais de la donner à leur voisin. Ils ont donc appris à se nourrir à tour de rôle ! Ceux de l'autre table, en revanche, ne pensent qu'à eux… »

L'enfer et le paradis sont deux lieux semblables : c'est nous qui les rendons différents.

Si ça ne tenait qu'à moi, cette histoire ferait chaque jour la une des grands quotidiens.

Je la raconterais à tous les « grands » de ce monde qui s'interrogent (ou font-ils seulement semblant ?) sur les moyens de sortir d'une crise économique et énergétique planétaire sans précédent.

Sur la Terre il y a de quoi satisfaire les besoins de tous, mais jamais assez pour assouvir l'avidité de quelques-uns.

Changez ce qui ne vous plaît pas

Avez-vous jamais réfléchi au fait que ni les pierres, ni les plantes, ni aucun animal n'ont la faculté de concevoir des moyens de transformer le monde qui les entoure ?

Il s'agit là d'un véritable don, exclusivement réservé aux êtres humains, et qui fait de ceux-ci les cocréateurs de l'Univers, en même temps que des créatures quasiment divines.

La majeure partie d'entre nous, pourtant, ne semble pas avoir conscience de posséder un si grand pouvoir, ni ne sait qu'en faire.

Nous gaspillons quotidiennement nos forces à tenter de nous adapter à une réalité souvent imposée et presque jamais choisie. C'est toujours aux autres que nous attribuons la responsabilité de ce qui ne fonctionne pas ou de changer ce qui ne va pas, nous réservant le seul pouvoir de nous plaindre en permanence, en attendant que quelque chose arrive.

Pourtant, il suffit de peu pour faire beaucoup : voir le monde comme il est, avec tous ses avantages mais aussi ses défauts, relativement nombreux ; ne pas se limiter à l'observer mais songer aussi à ce qu'il devrait être et en quoi il pourrait être amélioré. C'est un exercice simple auquel nous ne devrions jamais renoncer.

Il y a beaucoup à faire, et si chacun prenait sa part, nous ne serions plus dans un monde où seuls quelques-uns disposent de la vie de tous.

De fait, vous savez aussi bien que moi que quand un nombre restreint de personnes, à qui l'on donne carte blanche, décident pour tous, elles prennent souvent des mesures qui, au lieu d'obéir à l'intérêt général, servent avant tout la satisfaction de leurs propres intérêts, économiques ou politiques.

Telle est la nature humaine, et c'est pour cela qu'il est indispensable de compter d'abord sur soi-même, en n'oubliant pas qu'on a toujours en réserve le pouvoir de changer les choses et d'agir sur le monde.

En regardant le monde d'un œil neuf, non plus en spectateur mais en acteur, vous pourrez commencer à changer, petit à petit, ce qui ne vous plaît pas chez vous, dans votre vie, votre famille, votre immeuble ou votre quartier, votre ville, votre pays et même dans le monde ; vous cesserez de vous cantonner au rôle de simple figurant et deviendrez un élément actif et responsable de la communauté.

Il n'est écrit nulle part que certaines personnes dotées de pouvoirs spéciaux doivent prendre en charge le monde dans lequel nous vivons. Chacun a le pouvoir de le faire, en offrant ce qu'il peut dans le domaine qui lui convient le mieux, dans le respect de ses qualités et de sa nature, mais avec une conscience aiguë de la valeur et de la signification de sa propre existence.

Celui qui a conçu cet Univers a donné à l'homme la capacité de le transformer. Et même si ce grand pouvoir est souvent utilisé pour détruire l'environnement ou détériorer les relations entre les personnes, j'aime à penser que nous pouvons aussi changer n'importe quelle chose dans une perspective créatrice et synonyme de progrès.

J'aime également à croire que le but de l'humanité soit précisément de bâtir un monde *divin*, où l'amour et le respect entre individus ne soient pas seulement des concepts abstraits, mais des conditions nécessaires pour créer le meilleur des mondes possible.

C'est là depuis toujours l'ambition des grands utopistes et de tous ceux qui, surtout parce qu'ils ont cru en leur propre pouvoir de transformation, ont contribué significativement à l'évolution de la pensée et de la condition humaines.

Cependant, indépendamment des idées des uns et des autres, je peux vous assurer que c'est seulement en honorant notre don de changer la réalité que l'on peut rendre notre bref passage sur cette Terre vraiment unique et signifiant.

La loi spirituelle de la réciprocité

Je suis en voyage à Bali, un lieu unique où la spiritualité et le sens du divin sont présents à chaque coin de rue et à tout moment de la journée. Je demande au jeune chauffeur qui me conduit patiemment de temple en plage dorée de m'expliquer comment il est possible, d'après lui, que les habitants de son île soient tous aussi gentils et qu'ils sourient toujours quand ils croisent un étranger.

Dodi – c'est son nom – m'explique que leur religion les prépare, dès l'enfance, à respecter trois choses au cours de leur vie : 1) l'habitat naturel, 2) les animaux et toutes les créatures vivantes, 3) les êtres humains (oh, oh !). L'idée fondamentale, me dit-il, est que la vie dépend de la bienveillance de ces trois éléments et qu'on sera traité par eux exactement comme on les traite. Croyant au principe de la réincarnation, Dodi ajoute que chacun, pour ses prochaines vies, peut se réincarner sous une forme autre que celle dans laquelle son âme vit actuellement. Autrement dit, l'être humain, qui est considéré, selon une stricte hiérarchie de valeurs, comme la créature la plus proche du divin, pourrait s'en éloigner en raison d'un comportement irrespectueux et se réincarnerait alors en animal, insecte, plante ou minéral, pendant un cycle potentiellement très long, voire éternel, afin d'apprendre à servir la nature et le divin à partir de cette nouvelle condition. Faire preuve de gentillesse et d'amour signifie donc en recevoir autant et continuer à s'élever dans la hiérarchie des mérites.

Tout en écoutant ses explications, qui me paraissent relever du bon sens, je pense à nos vies, aux valeurs de plus en plus matérialistes qui se sont emparées d'abord du monde occidental et qui maintenant s'imposent aussi en Orient. J'espère que Dodi et les siens pourront y résister et vivre encore longtemps dans la pureté et la simplicité essentielles de cette vision du monde, qu'on pourrait facilement résumer par le vieil adage :

« On récolte ce que l'on a semé. » C'est la clé de tous ces événements qui nous laissent si souvent déconcertés et consternés, et nous donnent parfois l'impression de vivre en enfer. Le changement climatique, les inégalités économiques, les flux migratoires et les actes terroristes odieux ne résultent-ils pas en effet directement de certains choix et comportements humains ? Parce que des individus ont fait ces choix, le plus souvent dictés par l'opportunisme, l'avidité, la violence et l'intolérance, il devient de plus en plus difficile pour nous de faire l'expérience de la beauté de la vie, de la gentillesse, de l'amour et de l'entraide.

La bonne nouvelle, c'est qu'il n'est jamais trop tard pour réveiller sa conscience et changer de cap. Peut-être en commençant par sourire à la première personne dont on croisera le regard, ou en nous traitant mieux les uns les autres ; ou encore en cessant d'utiliser et d'exploiter tout ce qui nous entoure – nature, animaux, personnes. Ne nous laissons pas tromper par les conseils malavisés de ceux qui proposent des remèdes terroristes, dominateurs et violents, et n'encourageons pas ceux qui les défendent, presque toujours dans leur seul intérêt. Et voyons un peu quel effet cela produit.

Les mensonges naissent de la peur

Je suis convaincu que, tant qu'il sera nécessaire de mentir pour survivre, le monde ne sera jamais sûr.

Nous mentons tous chaque jour, plusieurs fois par jour.

Nous mentons aux autres au sujet de nos sentiments, de nos intentions ou de nos vrais besoins, nous échafaudons des récits et des représentations dictés par l'opportunisme, à des fins de manipulation.

Nous finissons même par admirer ceux qui doivent leur succès à leur capacité à mentir et à manipuler les autres.

Surtout, nous nous mentons à nous-mêmes, en nous persuadant que les fables que nous nous racontons correspondent à ce que nous sommes vraiment – du moins tant que nous jouissons du succès et des avantages que ces mensonges ont provisoirement rendus possibles.

Provisoirement.

Car, pour conserver le succès et les résultats obtenus par le mensonge, nous serons obligés de mentir de plus en plus. Nous vivrons dans la peur et l'angoisse d'être démasqués, et cela finira par nous perdre, voire par dégrader notre santé physique et mentale.

Mais ce ne seront pas les mensonges qui nous apporteront la sécurité, la santé et le bien-être. La vraie santé, tout comme le seul bonheur possible en cette vie, ne peuvent s'obtenir que si l'on est guéri de ses peurs les plus profondes et si l'on s'est pardonné de n'être pas à la hauteur de ses attentes.

On ne connaît le véritable bien-être que lorsque l'angoisse causée par des mensonges répétés se dissipe et que nous parvenons enfin à vivre sans nous sentir menacés ni avoir peur d'être attaqués, quand nous pouvons dévoiler sans réserve nos sentiments et nos pensées, sans craindre de nous sentir inconvenants ni d'être rejetés.

Choisir de vivre dans la vérité est l'acte le plus courageux et le plus scandaleux qui soit.

Si nous voulons guérir de la douleur existentielle, devenue maladie du corps et de l'esprit, commençons par faire l'expérience de ce qui se passe autour de nous et de la sérénité qui est la nôtre quand nous vivons dans la vérité. Essayons avant tout de ne pas nous mentir à nous-mêmes, reconnaissons nos peurs, nos blessures, nos fragilités, accueillons-les comme nous accueillons nos talents et nos meilleurs atouts, comme nul autre que nous ne pourra jamais le faire.

Accordons davantage d'amour et de compassion à ce qui nous déplaît en nous, aux expériences de vie que nous sommes les seuls à pouvoir accepter.

C'est là le seul changement, la seule véritable transformation susceptible d'apporter la paix, dans notre vie et dans le monde.

L'humanité sera sauvée quand tous les mensonges seront dévoilés et vaincus, et, surtout, quand nous aurons compris leur inutilité.

Les vengeurs et les réparateurs

Une fois que tu es né, tu ne peux plus te cacher est le formidable titre d'un livre de Maria Pace Ottieri, dont Marco Tullio Giordana a tiré un très beau film.

J'aime beaucoup ce titre parce qu'il exprime parfaitement la fragilité constitutive de l'être humain, dès l'instant où il vient au monde. La naissance elle-même et, même avant cela, la gestation et la vie intra-utérine nous exposent à tout type d'événements. Nous ne pouvons pas choisir les conditions de notre existence.

Nous ne pouvons pas choisir la famille dans laquelle nous naissons, ni nos parents, ni les conditions d'accueil et de protection dont nous aurons besoin pour vivre à peu près heureux et en bonne santé. Dans le meilleur des cas, nos demandes seront satisfaites mais, aussi chanceux que nous soyons, il nous sera impossible, pendant notre enfance et notre adolescence, d'éviter un certain nombre de déceptions et de blessures, plus ou moins graves, dont certaines pourront même être traumatiques.

Cela se produira à un moment de notre vie où nous n'aurons pas les ressources suffisantes pour gérer l'intensité émotionnelle des événements les plus durs, et nous accumulerons les blessures sans pouvoir les reconnaître ni tenter de les soigner.

Certaines de ces blessures sont formatrices et nous permettent de développer certaines qualités. Mais la plupart du temps, on les oublie consciemment ou inconsciemment, afin d'éviter qu'elles ne deviennent un poids émotionnel trop lourd et invalidant. Malheureusement, comme elles n'ont pas été reconnues en tant que blessures et donc pas directement affrontées et surmontées, ces expériences négatives et les traces qu'elles ont laissées en nous continueront de produire sournoisement leurs effets néfastes, sous de multiples formes et selon des modalités diverses.

Une fois adultes, nous développerons des stratégies d'autodéfense, que l'on peut ramener à deux types de réponse inconsciente : la tentative de réparer le passé malheureux ou la revendication d'un dédommagement des torts subis.

Dans mon activité de thérapeute, mais aussi dans ma vie quotidienne, j'ai eu l'occasion de repérer deux types de personnes qui correspondent à ces deux stratégies : les *réparateurs* et les *vengeurs.*

Essayez vous aussi d'observer celles et ceux qui vous entourent et exercez-vous à reconnaître ces deux catégories humaines.

Si je réfléchis à mes choix et à mes comportements, je pense pouvoir dire que j'appartiens à la première catégorie, celle des réparateurs. Plus d'une fois j'ai dû réfréner ma tendance à porter tous les malheurs du monde sur mes épaules et à vouloir sauver l'humanité entière. Certes, c'est là une attitude noble, gratifiante et socialement reconnue, mais non dénuée de dangers pour la santé quand on y consacre une énergie excessive. Lorsque j'ai enfin compris de quelles blessures provenaient mes comportements compulsifs, j'ai pu utiliser la force du pouvoir réparateur de manière plus libre et lucide.

Un exemple éblouissant de *réparateur* est Nelson Mandela. Bien qu'il ait eu une enfance terrible et qu'il ait subi, adulte, de nombreuses injustices, il n'a jamais cessé de croire en la possibilité de pacifier et d'unifier son pays dévasté par les politiques coloniales et l'apartheid. Après avoir passé vingt-sept ans en prison, il est devenu le premier président noir d'Afrique du Sud.

Du côté des *vengeurs,* on trouve fréquemment des personnes ayant atteint des sommets, de richesse, de célébrité ou de succès. Cela ne signifie pas que les carrières brillantes résultent systématiquement d'un désir de revanche. Il y a aussi des *réparateurs* parmi les riches et les puissants. Pour comprendre la différence avec les *vengeurs*, il suffit d'observer comment les premiers agissent à l'égard des autres et de la société en général. La plupart d'entre eux sont des philanthropes ou de généreux donateurs.

Les *vengeurs*, au contraire, se reconnaissent à leur égoïsme et à leur avidité. Ce sont des personnes qui exploitent et vampirisent les autres. Ils ne sont jamais satisfaits de ce qu'ils ont, ils ne métabolisent pas le bien et sont animés par une soif insatiable de pouvoir et de reconnaissance sous toutes leurs formes. Ils sont comme des puits sans fond.

Les *vengeurs* souffrent presque toujours de blessures narcissiques anciennes, provoquées par des humiliations ou par la non-reconnaissance de leurs besoins de la part de figures primaires tutélaires ; le manque d'amour a produit un état de souffrance et mis en péril leur droit à exister, ainsi que leur intégrité.

Cela dit, les *vengeurs* n'évoluent pas tous dans ce que l'on appelle les « hautes sphères » et je suis certain que, si vous y prêtez attention, vous en reconnaîtrez quelques-uns parmi les personnes les plus communes.

Ce qui importe, c'est de comprendre que refouler une blessure et chercher des moyens de compensation indirecte ne permettra pas de la guérir et de retrouver la paix de l'esprit. La gloire obtenue n'est qu'un succédané de l'amour, du soutien, de la reconnaissance et de la protection dont on a été privé.

Le processus de guérison des blessures de l'âme passe nécessairement par la connaissance de soi et l'acceptation de notre vrai moi, indissociable des torts subis et des obstacles que la vie a mis sur notre chemin.

Vous n'êtes pas votre nom

Vous n'êtes pas votre nom.

Vous n'êtes pas la forme ni le poids de votre corps.

Vous n'êtes pas votre âge.

Vous n'êtes pas votre adresse.

Vous n'êtes pas votre travail.

Vous n'êtes pas votre famille.

Vous n'êtes pas vos amis.

Vous n'êtes pas votre diplôme.

Vous n'êtes ni l'argent que vous avez sur votre compte, ni les dettes que vous avez contractées.

Vous n'êtes pas les vêtements que vous portez.

Vous n'êtes pas votre maison, ni votre voiture, votre téléphone portable, votre ordinateur, votre téléviseur.

Ce sont là des représentations réductrices et transitoires de vous-même. Des petites étiquettes auxquelles vous vous identifiez tous les jours, par commodité et pour simplifier vos relations au monde.

Ce n'est pas un problème si vous en avez conscience. L'important est que vous sachiez que rien de tout cela ne vous apportera la paix et la sécurité recherchées, et encore moins un bonheur durable. Parce que les noms, les objets, les rôles, les relations sont par définition changeants, et que perdre l'une de ces identifications signifierait alors vous perdre vous-même.

Mais alors, qui êtes-vous vraiment ? Si vous enlevez une étiquette après l'autre, une définition après l'autre, une identification après l'autre, que reste-t-il de vous ?

Contrairement à ce que l'on pourrait croire, si tout cela disparaissait, vous resteriez toujours vous-même.

« Qu'y a-t-il dans un nom ? demandait Shakespeare, à travers la voix de Roméo s'adressant à Juliette. Ce que nous appelons rose / Par n'importe quel autre nom sentirait aussi bon. »

Chaque chose possède une essence qui la rend unique et c'est cette essence, et non je ne sais quelle fioriture ou épithète, qui nous révèle ce qu'est la chose.

Bien sûr, l'idée de renoncer à se définir par des noms, des adjectifs, des possessions et des représentations extérieures peut faire peur. Mais essayer de connaître cette part de vous qui demeure immuable, même si vous changez de nom, d'adresse, de profession, d'âge ou d'apparence physique, peut être bien plus sécurisant que n'importe quelle identification instable et précaire.

Cette part contient votre vraie nature et elle est en vous depuis toujours, même si vous ne la reconnaissez pas ou si vous ne savez pas où la chercher. C'est la seule capable d'exprimer qui vous êtes vraiment et d'abriter votre moi le plus authentique, vos qualités, tout ce qui vous rend unique ainsi que votre véritable projet de vie.

Elle est intangible et n'est nullement liée à votre corps et à ses évolutions.

Il est impossible de trouver et de reconnaître cette part de vous dans la vie matérielle car, si c'était le cas, elle serait, elle aussi, soumise aux innombrables mutations qui gouvernent le monde des objets.

Si vous réussissez à ne percevoir qu'une infime part de cette dimension immuable, qui vit en vous depuis toujours et qui probablement lit ces mots et les reconnaît comme vrais, vous êtes sur la bonne voie pour faire l'expérience de votre vrai moi.

Il m'est arrivé d'en pressentir l'existence simplement en me regardant dans le miroir, et en remarquant qu'une part de moi ne change pas. Elle est toujours la même du plus loin que je me souvienne, et observe ce type dans le miroir, dont l'apparence extérieure continue, inexplicablement, à se modifier au fil du temps.

Vous pouvez penser que cette part de vous-même, capable d'analyser les mécanismes de votre cerveau, est votre âme, ou votre esprit.

Et c'est seulement dans cet espace naturel et immuable que vous pouvez la trouver.

N’ayez pas peur

Ne vous inquiétez pas. N’ayez pas peur.

Ce qui peut vous arriver de pire dans la vie ne vous effraiera qu’un moment.

C’est comme quand, dans un parc d’attractions, vous allez visiter la « maison hantée » : vous avancez dans les ténèbres et découvrez en frémissant les fantômes qui s’y cachent.

Vous vous mettez à l’épreuve et découvrez que vous êtes plus fort que votre peur, qu’elle vous amuse, même. Quand vous sortez de la maison hantée, vous riez.

Parce que vous savez que la lumière est toujours là, au bout du chemin, à vous attendre, et qu’en fait il ne s’agit que d’un jeu, un rêve, une illusion.

Alberto Simone

Rien ne peut vous faire du mal.
Parce que vous êtes l'enfant chéri de l'Univers.

Reprendre le contrôle

La question du bonheur m'occupe depuis plusieurs années et à différents titres, d'abord en tant que psychologue, puis en tant qu'artiste et enfin en tant que chercheur.

S'intéresser au bonheur exige une connaissance précise et approfondie de son contraire. Or ce que j'ai découvert en me penchant sur les raisons pour lesquelles les gens sont le plus souvent malheureux, frustrés ou déprimés (cela est malheureusement surtout vrai dans le monde occidental, qui connaît pourtant les niveaux de confort et de bien-être les plus élevés), c'est qu'elles n'étaient pas liées à des événements objectifs, mais à la manière dont nous réagissons aux malheurs qui nous arrivent ou qui nous entourent.

Si nous réagissons négativement à de tels événements, ce n'est pas parce que nous voulons nous faire du mal, mais parce que nous avons retenu les leçons de certaines mauvaises expériences passées qui ont généré une sorte de réponse automatique ou de personnalité réactionnelle.

Cette personnalité, cet *avatar* qui vit au côté de notre vrai moi, trouve absolument naturel et finalement moins difficile de répondre aux vicissitudes de la vie comme elle l'a toujours fait : par le chagrin, la frustration ou la dépression.

Pour simplifier, on pourrait dire que le malheur est une mauvaise habitude. Rien de plus.

La bonne nouvelle, c'est que les êtres humains sont les seules créatures de l'Univers dotées d'une capacité d'auto-observation, et donc de lucidité, mais aussi de libre arbitre : c'est-à-dire qu'ils sont capables de décider de l'orientation de leurs pensées, de leurs sentiments, de leurs émotions et de leurs actions à l'égard de quasiment toute chose. Loin d'inciter au chagrin, à la victimisation, à la frustration et à la dépression, la quête du bonheur est avant tout une manière d'être, que l'on peut apprendre et à laquelle on peut s'exercer, comme n'importe quelle autre faculté humaine.

On peut toujours changer de cap. Mais pour cela il faut le vouloir vraiment et s'en donner les moyens. Pour maigrir, il faut faire un régime, pour avoir un corps plus athlétique, s'entraîner souvent et de manière intense. Pour ne plus être aussi souvent malheureux, frustré ou déprimé, c'est la même chose : il faut s'investir pleinement dans le processus et garder à l'esprit qu'on a toujours le choix d'être qui on veut.

Naturellement, votre *avatar*, votre personnalité réactionnelle, ne voudra pas céder du terrain et laisser la place à un autre *vous*, confiant, positif, reconnaissant et optimiste même face aux épreuves. Il protestera, affirmant que vous êtes victime des circonstances, qu'il y a des choses dans la vie auxquelles on ne peut échapper et que vous n'avez pas « d'autre choix » que celui d'éprouver ce que vous éprouvez. Vous trouverez toujours mille excuses pour résister et justifier à vos yeux et à ceux du monde entier les raisons objectives de votre affliction.

Je dois vous dire, pour votre bien, que vous ferez fausse route. J'ai connu des personnes qui ont réagi à des deuils et à des tragédies inimaginables de manière surprenante, en trouvant dans ces événements, que l'on ne souhaite à personne, l'occasion de prendre un nouveau départ. Vous pouvez le faire vous aussi, à n'importe quel moment. Mais rappelez-vous que vous devrez être persévérant comme un athlète : et cela jusqu'à ce que vous perdiez l'habitude d'être quelqu'un qui ne vous plaît pas.

Prière du soir
(ou du matin si vous préférez)

« J'aime la vie, telle qu'elle est, et je ne perds pas mon temps dans la tentative aussi vaine que stressante de maîtriser les événements, de les juger, de les refuser ; je ne m'obstine pas non plus à ne retenir comme parfaite, bonne ou acceptable que la part de réalité que je préfère.

« J'agis ainsi non pas parce que j'ai décidé d'accepter passivement tout ce qui m'arrive, mais parce que je m'aime profondément et intégralement, parce que je me sens soutenu par l'Univers et les lois qui le gouvernent, qui me maintiennent en vie chaque jour même quand je dors, parce que je me sens chéri grâce à mes proches, mais aussi grâce aux dons, à la beauté et à l'amour qui m'ont été offerts et que j'ai eu grand plaisir à recevoir, surtout quand je n'avais rien fait pour les mériter.

« Et je considère comme parfait tout ce qui m'arrive et m'arrivera tout au long de la vie, y compris la souffrance, la maladie, la douleur, la séparation et la mort, que je ne manquerai pas de rencontrer.

« J'offre avec amour mon expérience aux autres et à la conscience de l'Univers. Celle-ci en fera l'usage qu'elle a prévu, que je ne connais pas et que souvent je ne comprends pas, mais je lui fais confiance parce que c'est cette même conscience qui m'a créé, que j'en fais partie intégrante et que c'est sa nature même que je porte en moi.

« J'aime la vie telle qu'elle est, parce que je suis ici, vivant, et que je peux partager mon existence avec autrui, m'aimer et aimer à chaque instant, parce que je peux tout simplement décider de le faire, ici et maintenant, sans attendre que quelqu'un me le dise.

« J'aime cette vie parce que je n'en ai pas d'autre ; si c'était le cas, elle ne serait jamais identique à celle-ci et même si elle était meilleure, elle différerait en quelque point et je perdrais donc tout ce que j'aime, ici et maintenant.

« J'aime cette vie, dans sa totalité. »

Changez le scénario de votre vie

Réveillez-vous.

Vous vivez une vie de rêves et de cauchemars. Vous vivez chaque jour dans l'espace étroit de vos pensées, automatiques, les mêmes depuis des années. C'est comme si vous alliez chaque jour dans un cinéma qui projette le même film dont le héros est votre vieux moi, qui défend ce qu'il croit être son identité et sa personnalité, qui livre toujours les mêmes combats, sans jamais vraiment les remporter. Vous restez là toute la journée, en espérant un changement de scénario, un dénouement différent, ou encore que quelqu'un rallume la lumière dans la salle. Mais ce film n'a pas de fin et nul ne peut en modifier l'intrigue, à part vous.

Alors, partez. Vous pouvez le faire. La peur ne dure qu'un moment. Ensuite vous serez libre de vous promener dans une ville que vous ne connaissez pas. Libre de regarder les choses et les personnes sans préjugés, comme si vous les voyiez pour la première fois. Vivez pendant quelques minutes comme l'enfant qui, dans sa fraîcheur ingénue, n'a pas encore de passé où chercher l'explication de toute chose. Regardez-vous aussi comme si vous ne vous connaissiez pas et que vous vous voyiez pour la première fois. Goûtez, même un seul instant, la sensation de ne rien savoir, de n'avoir aucun jugement ni opinion sur quoi que ce soit.

Si vous y parvenez, même très brièvement, vous comprendrez ce que signifie être en éveil. Et vous ne ferez plus marche arrière. Vous serez sans nul doute surpris, voire perplexe, mais vous éprouverez un véritable sentiment de légèreté et de gratitude. Vous comprendrez que cet espace illimité de liberté a toujours été là pour vous. Que c'est de là que vous devez partir pour aller où vous le souhaitez et que vous pouvez y revenir chaque fois que votre passé voudra vous emprisonner à nouveau. Il vous arrivera de repasser par cette rue où existait autrefois un cinéma qui projetait toujours le même film.

On y voit encore une affiche délavée représentant un héros plein de lui-même, pétri de convictions, que vous peinez à reconnaître mais à l'égard duquel, sans savoir pourquoi, vous éprouvez une tendresse infinie.

ÉPILOGUE

Je pense que nous sommes tous, homme ou femme, dotés dès la naissance de puissantes ressources intérieures qui font de nous, non pas les jouets d'un destin inéluctable, mais les véritables créateurs de notre monde. Je pense que répertorier tout ce qui ne va pas bien, pointer du doigt les erreurs d'autrui, se plaindre, maudire et pester, perdre confiance et espoir ne sont pas des solutions et que, surtout, tout cela est parfaitement inutile. Je pense que, même si nous tombons très bas, en tant qu'individus ou en tant que nations, nous pouvons toujours nous relever, surtout si nous savons demander de l'aide. Je pense que commettre des erreurs ou subir des torts au cours de sa vie est inévitable et que cela fait partie du jeu, mais je pense aussi que nous sommes toujours en mesure de changer notre manière de penser et donc d'agir. Je pense que nous avons toujours plus de raisons d'être reconnaissants que de récriminer et de nous apitoyer sur notre sort. Je pense que le monde est un lieu toujours perfectible, et qu'en assumant ne serait-ce qu'une petite part de responsabilité individuelle nous pouvons espérer vivre dans des sociétés plus justes.

Ces modestes convictions m'ont permis de réaliser des rêves impossibles et de surmonter les douleurs et les échecs que j'ai malheureusement connus moi aussi. Elles inspirent tout ce que je fais, comment je le fais et pourquoi : y compris partager ces pensées qui, je l'espère, rendront nos vies et celles de ceux qui vivent à nos côtés meilleures.

Parce que plus nous serons nombreux à vivre dans cet esprit, mieux les choses iront, pour tout le monde.

J'en suis convaincu.

REMERCIEMENTS

Ce livre n'aurait pas pu exister sans un ensemble de circonstances et surtout de personnes que le destin a voulu mettre en relation de manière surprenante et impénétrable.

Quand j'ai décidé, il y a plusieurs années de cela, de créer un blog appelé « Il bicchiere mezzo pieno »*, où je faisais librement part de ma vision du monde tel que j'aurais voulu qu'il soit, avant tout pour ne pas succomber à ce qu'il est la plupart du temps, je n'imaginais pas parler à des milliers de personnes anonymes qui se sont, avec émotion, reconnues dans mes mots. D'après ce qu'elles m'ont écrit, certaines personnes ont trouvé dans

* « Le verre à moitié plein ».

tel texte un véritable réconfort, tandis que pour d'autres ce même texte ou un autre aura constitué un tournant et aura été à l'origine d'un changement de cap et d'un nouvel élan dans leur vie, parce qu'il aura suscité une nouvelle manière de voir les choses. De là est née l'idée de partager plus amplement mes écrits, en passant du blog au livre.

Je remercie donc chacun de ces compagnons de voyage anonymes. C'est vous qui m'avez soutenu chaque fois qu'il m'est arrivé de douter de l'utilité d'une telle entreprise. Ce livre est dédié à chacun de vous et j'espère qu'il vous tiendra compagnie non seulement sur vos tables de nuit, mais dans tous les endroits que vous rencontrerez au cours du voyage de votre vie – un voyage qui, je l'espère pour vous, vous conduira de surprise en surprise.

Je souhaite également remercier tous ceux qui ont lu les premières ébauches de ce livre et qui m'ont encouragé à en poursuivre l'écriture : parmi eux, ma femme Roberta, ma sœur Suzy et mon frère Angelo, qui sont les lecteurs les plus exigeants, les plus compétents et les plus exigeants que je connaisse, et en qui j'ai une confiance absolue ; Toni Tommasi et Antonio

Masini, mes amis de toujours, intraitables en matière de livre ; Maria Rita Parsi dont l'estime et l'affection m'honorent ; mes amies de l'Agenzia Sosia & Pistoia, Luisa Pistoia, Federica Remotti et Chiara Melloni.

Je remercie tout particulièrement encore Rossella Panigatti, ma sœur de cœur rencontrée sur le chemin qui mène à une vision holistique, énergétique et spirituelle du monde que nous partageons. Sans son intervention généreuse, cette publication n'aurait pas pu voir le jour, et sûrement pas aussi rapidement.

Enfin, c'est à vous, cher lecteur, que vont mes remerciements. Je ne sais pas si vous arriverez à mettre en pratique tout ce que vous venez de lire. Mais j'espère que ce livre pourra vous accompagner longtemps dans les épreuves que vous serez certainement amené à traverser, pour que vous en sortiez, chaque fois, plus fort et plus heureux.

TABLE DES MATIÈRES

pca
cmb
édition pré-presse
livres numériques

44400 Rezé

Imprimé en France par
CPI Brodard & Taupin
en octobre 2022

Dépôt légal : octobre 2022
N° d'impression : 3050374
ISBN : 978-2-7499-4638-2
LAF : 3068